XINGSHI YU ZHENGCE

形势与政策

（辅助读本）

刘　勇　刘晓莉　主编

西北工業大學出版社

西　安

图书在版编目(CIP)数据

形势与政策:辅助读本/刘勇,刘晓莉主编.—西安:西北工业大学出版社,2018.3(2019.8重印)
ISBN 978-7-5612-5909-2

Ⅰ.形… Ⅱ.①刘… ②刘… Ⅲ.①时事政策教育—高等学校—教材 Ⅳ.①G641.4

中国版本图书馆CIP数据核字(2018)第048171号

策划编辑: 李 萌
责任编辑: 付高明

出版发行: 西北工业大学出版社
通信地址: 西安市友谊西路127号 邮编:710072
电 话: (029)88493844 88491757
网 址: www.nwpup.com
印 刷 者: 陕西金德佳印务有限公司
开 本: 787 mm×1 092 mm 1/16
印 张: 8.75
字 数: 207千字
版 次: 2018年3月第1版 2019年8月第3次印刷
定 价: 35.00元

前　言

《教育部关于加强新时代高校“形势与政策”课建设的若干意见》(教社科〔2018〕1号)指出,“形势与政策”课是理论武装时效性、释疑解惑针对性、教育引导综合性都很强的一门高校思想政治理论课,是帮助大学生正确认识新时代国内外形势,深刻领会党的十八大以来党和国家事业取得的历史性成就、发生的历史性变革、面临的历史性机遇和挑战的核心课程,是第一时间推动党的理论创新成果进教材进课堂进学生头脑,引导大学生准确理解党的基本理论、基本路线、基本方略的重要渠道。

在现实社会生活中,每天都有大量的层出不穷的新闻事件发生,哪些新闻事件值得我们去关注、解读和研判?如何对其进行关注、解读和研判?需要一定专业知识的积累,需要一定的思维方法以及分析判断的能力。这决定了时事与政策课程不能只是罗列介绍一些新闻事件,还必须深刻剖析其来龙去脉;不仅要激发大学生关注时事和国家政策的兴趣和自觉,还要提高他们对形势与政策的判断、分析和辨别能力。

就形势变化而言,看似每天都有新闻发生,甚至可以说是“瞬息万变”,但是各种新闻事件不会是完全孤立的,可以把握其之间存在的内在逻辑联系;就政策变化而言,我们正在蓬勃开展的中国特色社会主义现代化建设事业,一些重大的战略决策、重大政策措施在一定时间段是较为稳定的,有的还需要长期坚持。即便是因为不断深化改革的需要,做出了调整,其政策之间也是有延续性的。探究形势变化之间、政策变化之间的“变”与“不变”,恰恰更能够清晰准确的认识、分析、理解和判断形势、政策的实质。

基于国内外时事热点及时修订“形势与政策”课程教材等教学资源是本门课程性质和特点的必然要求。本次修订依据教育部《关于印发＜高校“形势与政策”课教学要点（2019年上辑）》的通知＞》,选取“党的政治建设”、“防范化解重大风险”、“经济全球化”、“乡村振兴与扶贫攻坚”、“一带一路”等八个重大专题,编写辅助读本,帮助学生了解和理解这一年来国际国内的重要事件。

本辅助读本不以构建系统理论体系为目的,而是重在介绍重大热点事件以及解释其内在的逻辑规律,辅助学生在拓展视野的同时,提高认识、分析、判断现实问题的能力。

本教材由成都工业职业技术学院刘勇、刘晓莉担任主编,唐自慧、吴景琴、张德荣担任副主编,刘婷婷、李杰、王美丽参与编写。其中刘勇编写导言、专题一、专题二、专题三,张德荣编写专题四,李杰编写专题五,刘婷婷编写专题六、王美丽编写专题七、唐自慧编写专题八。全书由刘勇、刘晓莉、吴景琴负责统稿和审定。

在教材修订过程中，为了把最新发生的重大事件、把党的最新方针政策及时、全面、准确地体现在教材中，我们引用了一些专家、学者、媒体人的研究成果和新闻报道，借鉴了相关教材、论著等资料，难以一一标注，瑾此一并致谢！

由于作者水平有限，疏漏之处在所难免，敬请批评指正。

编者

2019年6月

目　录

导言　把握时代脉搏：形势与政策概述

胜者之战民也，若决积水于千仞之溪者，形也。故善战人之势，如转圆石于千仞之山者，势也。

——《孙子兵法》

现在在高校学习的大学生都是20岁左右，到2020年全面建成小康社会时，很多人还不到30岁；到本世纪中叶基本实现现代化时，很多人还不到60岁。也就是说，实现“两个一百年”奋斗目标，你们和千千万万青年将全过程参与。

——2014年5月4日，习近平总书记在北京大学师生座谈会上的讲话

展望未来，我国青年一代必将大有可为，也必将大有作为。这是“长江后浪推前浪”的历史规律，也是“一代更比一代强”的青春责任。广大青年要勇敢肩负起时代赋予的重任，志存高远，脚踏实地，努力在实现中华民族伟大复兴的中国梦的生动实践中放飞青春梦想。

——2013年5月4日，习近平总书记在同各界优秀青年代表座谈时的讲话

第一节　认识形势与政策

一、形势的理解

《孙子兵法》指出：胜者之战民也，若决积水于千仞之溪者，形也。故善战人之势，如转圆石于千仞之山者，势也。意思是说：军事实力强大的胜利者指挥军队作战，就像在万丈悬崖决开山涧的积水一样，这就是军事上所说的形。善于指挥作战的人所造成的有利态势，就像从高山上向下滚动石头一样，形成了一种不可阻挡的力量，这就是军事上所说的势。

现代汉语对“形势”的理解是，在其周围环境中所处的情形或在一定时间内各种情形的相对的或综合的境况。形势就是指客观事物发展的状况和趋势，第一层含义是指客观事物发展的现状，这是事物的静态状况；第二层含义是指客观事物发展的趋势，这是事物的动态状况。简单而言，形势就是说事物现在是怎么样的，未来将会怎么样。

认清客观形势是做好任何事情的先决条件。毛泽东在革命战争年代就明确指出“认清中国的国情，乃是认清一切革命问题的基本依据”，强调“当革命的形势已经改变的时候，革命的策略，革命的领导方式，也必须跟着改变”。邓小平在领导中国特色社会主义建设的过程中提出：“我们现在的路线、方针、政策是在总结了成功时期的经验，失败时期的经验和遭受挫折时期的经验后制定的。”没有对客观形势的全面、准确的分析，没有对历史经验的概括和总结，就不可能制定出正确适时的政策。同时应看到，政策和策略作为理论指导实践的中介，对革命和建设实践及形势的发展具有能动的反作用。合理、科学的政策和策略会促进客观形势向好的方向发展，错误的政策和策略会加速客观形势向不利的方向发展。①

【案例】　变化与分化——世界陡增“不确定性”

中国社会科学网讯（记者 查建国 吕梦荻）　2016 年 12 月 29 日，第九期“世情”圆桌暨复旦国际战略报告 2016 发布会在复旦大学举行。该院的年度品牌智库成果《变化与分化：复旦国际战略报告 2016》正式对外发布。发布会由复旦大学国际问题研究院常务副院长吴心伯教授主持。

① 赵竹村. 浅析马克思主义形势观[J]. 发展，2013(2)：87－88.

复旦大学国际问题研究院教授冯玉军分析了2016年世界政治形势的新变化。他表示，英国脱欧、特朗普当选、俄土关系峰回路转等“黑天鹅事件”都反映了国际战略格局、世界秩序、大国政治以及国际社会思潮正经历着重大而深刻的调整。他认为，这些调整包括全球化进入“间歇期”，许多地方一体化方案遭遇挫折；国际格局正加速盘整，“多极化”的可能与“无极化”的风险同时并存；国际政治秩序面临缺乏共识、领导力不足的挑战；保守主义思潮抬头之势越发明显，自由主义价值观遭到质疑等。

世界政治形势进入了“混沌”与“焦灼”状态，世界经济也受到了“逆全球化”的挑战。复旦大学经济外交研究中心主任宋国友认为有两大因素使得经济全球化受挫。第一是国内政治的抵抗。全球化的资本逻辑与国内政治逻辑有时并行不悖，有时冲突显著，而目前冲突成分较多。第二是经济一体化有限度。全球贸易在达到高峰后，将保持稳定，难以继续突破。与此对应的是全球化发展到一定阶段后将出现高位稳定期，甚至是回调期。而2016年恰巧遭遇了英国脱欧公投和美国大选两大事件，这一规律便通过民主选举的方式显现了出来。

美国始终是影响甚至决定国际战略格局走向的关键国家。复旦大学国际问题研究院常务副院长、美国研究中心主任吴心伯认为，特朗普上台后将会实施何种内政外交政策将给世界带来“最大的不确定性”。他将这一“不确定性”称为“特朗普冲击波”。他分析了美国总统大选的七个“不同寻常”(包括两位候选人的身份、竞选言论冲击美国政治文化中的“政治正确”、引起国内外巨大焦虑、选前预测的失算、选后社会的撕裂等)认为，此次大选暴露了美国的多重危机：社会不平等的扩大、公众对体制的不满和失望、政治生态的退化、民粹主义的抬头以及严重的制度危机等。

吴心伯通过分析特朗普的个人理念和行事风格，结合美国政治、社会的特点，认为在内政方面，特朗普将极有可能大幅收紧移民政策，修改奥巴马医改法案，推进减税措施，重振制造业，放松金融监管，给传统能源松绑，加强基础设施建设，增加军费开支等。在外交上，将会进行适度战略收缩，在全球化和全球治理问题上踩刹车甚至开倒车，改善美俄关系，淡化“亚太再平衡”战略，淡化对华外交意识形态色彩，追求实际利益等。

（资料来源：中国社会科学网）

二、政策的理解

所谓政策，指的是国家政权机关、政党组织和其他社会政治集团为了实现自己所代表的阶级、阶层的利益与意志，以权威形式标准化地规定在一定的历史时期内，应该达到的奋斗目标、遵循的行动原则、完成的明确任务、实行的工作方式、采取的一般步骤和具体措施等。

政策与路线、方针有着十分密切的联系。政策是在路线、方针的指导下而制定的，受路线、方针的制约，并为路线、方针服务。人们有时把总路线或基本路线称为总政策，在实际工作中又常常把路线、方针、政策分开使用。

政策总体说来是一个既相互联系又相互区别的体系。一般说来，可做如下分类：按纵向层次，可分为总政策、基本政策、具体政策等；按横向层次，可分为经济政策、外交政策、教育政策、科技政策等；按影响范围，可分为中央政策和地方政策，全局政策和局部政策等；按专门程序，可分为一般性政策和特殊政策，如少数民族政策、一国两制政策和特区政策等；按时间要求，可分为短期政策、中期政策和长期政策。还可以按其他标准做不同的分类。

政策具有如下特征。

1. 原则性与灵活性

政策作为一种行动准则，体现了事物的本质和规律，具有高度的原则性。任何组织和个人都必须坚持维护政策的权威性和严肃性。政策的灵活性是指，有时在制定和执行政策也应有一定的灵活性，允许人们在基本政策的指导下，可以因时因地，制定一些具体的、灵活的政策，执行政策时也能体现一定的灵活性。比如俄国 1917 年二月革命后从和平发展方针转变为武装起义的方针、十月革命后国民经济恢复时期从战时共产主义政策转变为新经济政策等，都是列宁坚持原则性与灵活性相结合的典范。

2. 现实性与长远性

所谓现实性，就是政策要指导现实，能够把现阶段党和政府的纲领、任务付诸实施，变为现实。当然，政策的现实性决不等于政策的临时性，不是权宜之计。政策的制定和实施，不仅要着眼于现实，而且也要着眼于长远，着眼于长远任务的完成，要把现实性与长远性结合起来，既要注意现实任务的完成，又要注意长远目标的实现，注意政策的前后衔接，保持政策的连续性。

3. 稳定性与可变性

政策应具有相对的稳定性，政策的稳定性是稳定社会、稳定人心、促进社会经济持续发展的保证。但是，政策又具有可变性，必须根据形势的变化和实践的检验，坚持正确的政策，完善不足的政策，改变错误的政策，废弃过时的政策。政策是稳定性和可变性的辩证统一，它要求人们在理解和执行基本路线（总政策）时，注重其稳定性的特征，比如我们强调坚持党的基本路线一百年不动摇，就是强调党的总政策要稳定，但在具体的政策上则要根据变化了的客观实际不断加以调整，以适应经济社会发展的需要。

三、形势与政策之间的关系

形势与政策有区别又相互联系，可以说，它们是一对矛盾的统一体。

首先，形势是制定政策的客观依据，又是检验政策的客观标准。把握形势的现状和发展趋势，是制定政策和执行政策的客观要求。毛泽东同志说过："人们要想得到工作的胜利即得到预想的结果，一定要使自己的思想合于客观外界的规律性，如果不合，就会在实践中失败。"形势是客观的，而政策是人们为了达到一定的目的而制定的行为准则，是主观对客观认识的成果。政策的基本特征贯穿着一条基本要求，就是必须建立在对于形势的正确认识之上，必须以客观实际情况为依据，准确地审时度势，才能制定出正确的路线、方针、政策，从而推动形势向好的方向发展。在民主革命时期，我们党几经失败，终于认识到我国还处在新民主主义革命阶段，从而制定了不同于苏联的、具有中国特色的新民主主义革命的路线、方针和政策，使革命取得了胜利。新中国成立后，我们党经过了20多年艰苦探索，终于认识到我国还处在社会主义初级阶段，从而制定了符合中国国情的社会主义初级阶段的基本路线和政策，促进了社会主义事业的不断发展。相反，不从客观形势出发，或者从对形势的错误判断出发，就不能制定出科学的、正确的政策。这方面我们有着十分深刻的教训。如我国20世纪50年代中、后期连续发生的反右斗争扩大化、"大跃进"、庐山会议反对所谓右倾的斗争以及六七十年代进一步发展为以阶级斗争为纲，并由此制定出一系列"左"的路线、方针和政策，甚至发动了造成我们国家历史上空前浩劫的"文化大革命"，就是错误判断客观形势所致。制定政策，必须从世情国情出发、从客观实际出发，实事求是，力戒主观主义，这样才能制定出正确的政策。

其次，政策对形势也有推动作用。形势是客观存在的物质运动，是人们制定政策的客观基础，可以说形势决定政策。而政策是人们根据客观形势所制定的主观指导性行动准则，它对形势的发展具有强大的推动作用，即主观能动性对客观事物的反作用。因此，政策是促进形势发展的重要手段，是发展有利形势的重要推动力量，是我们能动地改造世界的锐利武器。我们分析形势和制定、执行政策的目的，就是为了推动我国经济社会的发展。

既然政策对形势的发展能起推动作用，那么，必然有正作用与反作用。当人们能够正确地分析、判断和把握形势并制定、贯彻正确的政策时，就会引导和推动形势朝着有利的方向发展，这是主观和客观相一致。反之，当人们错误地估量形势并制定、贯彻了错误的政策时，就会引导和推动形势朝着不利的方向发展，必然受到客观规律的无情惩罚。因此政策极为重要，正如毛泽东同志指出的："政策和策略是党的生命，各级领导同志务必充分注意，万万不可粗心大意。"由此可见，形势决定政策、检验政策，政策推动形势、影响形势。我们必须正确认识两者的辩证关系，恰当地处理好两者的关系，使政策不断推进形势的健康发展。

【案例】 我国计划生育政策变化历程

新华网北京10月29日电　从1971年的"一个不少，两个正好，三个多了"，到提倡"一对夫妇只生育一个孩子"；从单独二孩政策顺利落地，到全面实施一对夫妇可生育两个孩子，我国的生育政策从产生的那一天起就始终在实践中不断调整和完善。

1971年，国务院批转《关于做好计划生育工作的报告》，强调"要有计划生育"。在当年制定"四五"计划中，提出"一个不少，两个正好，三个多了"。

1973年12月，第一次全国计划生育汇报会提出"晚、稀、少"的政策。"晚"指男25周岁、女23周岁以后结婚，女24周岁以后生育；"稀"指生育间隔为3年以上；"少"指一对夫妇生育不超过两个孩子。

1978年3月，第五届全国人民代表大会第一次会议通过的《中华人民共和国宪法》第五十三条规定"国家提倡和推行计划生育"。计划生育第一次以法律形式载入我国宪法。

为完成在20世纪末把人口总量控制在12亿以内的目标，1978年，中央下发《关于国务院计划生育领导小组第一次会议的报告》，明确提出"提倡一对夫妇生育子女数最好一个，最多两个"。

1980年9月25日，党中央发表《关于控制我国人口增长问题致全体共产党员、共青团员的公开信》，提倡"一对夫妇只生育一个孩子"。

1982年，《中共中央、国务院关于进一步做好计划生育工作的指示》，提出照顾农村独女户生育二胎。

1984年，中央批转国家计生委党组《关于计划生育工作情况的汇报》，提出"对农村继续有控制地把口子开得稍大一些，按照规定的条件，经过批准，可以生二胎；坚决制止大口子，即严禁生育超计划的二胎和多胎"，即"开小口、堵大口"。

2002年9月施行的《中华人民共和国人口与计划生育法》明确规定，国家稳定现行生育政策，鼓励公民晚婚晚育，提倡一对夫妻生育一个子女；符合法律、法规规定条件的，可以要求安排生育第二个子女。

进入21世纪后，我国人口形势发生了重大变化。劳动力持续问题、老龄化问题、人口结构性问题等开始显现。

2012年年末，我国大陆15至59岁劳动年龄人口比上年末减少345万人，这是改革开放以来我国劳动力人口首次下降。截至2013年，我国60岁以上老年人已经达到2.024 3亿人，比上年增加853万多人，占比接近总人口的15%，上升了0.6个百分点。

2013年11月，党的十八届三中全会审议通过《中共中央关于全面深化改革若干重大问题的决定》。决定提出，坚持计划生育的基本国策，启动实施一方是独生子女的夫妇可生育两个孩子的政策，逐步调整完善生育政策，促进人口长期均衡发展。

同年12月，中共中央、国务院印发《关于调整完善生育政策的意见》，明确了生育政策调整的重要意义和总体思路。

2015年10月29日，党的十八届五中全会公报提出，促进人口均衡发展，坚持计划生育的基本国策，完善人口发展战略，全面实施一对夫妇可生育两个孩子政策，积极开展应对人口老龄化行动。

（资料来源：中国社会科学网）

第二节　学习形势与政策的意义

“风声雨声读书声声声入耳，家事国事天下事事事关心”，早在400多年前，明朝万历年间的著名学者顾宪成为无锡东林书院撰写的这幅对联至今仍意义重大。对联的意思就是说，读书人不仅要读好书，还要关心国家，关心政治，关心天下之事，多用心来体会世间百态，而不要读死书。

随着经济全球化的进程，信息化通信手段例如广播、电视、互联网和其他电子媒介的出现，各种现代交通方式的飞速发展，使得整个地球就如同是一个小村落。现代社会再也不是“鸡犬之声相闻，老死不相往来”时代。全球各地的各种资讯，正无比迅速地相互传递。作为大学生，这个时代要求已经不能“两耳不闻窗外事，一心只读圣贤书”了。

习近平在很多场合对青年寄予厚望。他强调，青年是祖国的未来、民族的希望，也是我们党的未来和希望。“人才有高下，知物由学。”梦想从学习开始，事业靠本领成就。广大青年要自觉加强学习，不断增强本领。广大青年要如饥似渴、孜孜不倦学习，既多读有字之书，也多读无字之书，注重学习人生经验和社会知识。大学阶段，“恰同学少年，风华正茂”，有老师指点，有同学切磋，有浩瀚的书籍引路，可以心无旁骛求知问学。此时不努力，更待何时？要勤于学习、敏于求知，注重把所学知识内化于心，形成自己的见解，既要专攻博览，又要关心国家、关心人民、关心世界，学会担当社会责任。作为社会主义建设事业的接班人的当代大学生，现在大都是 20 岁左右，到 2020 年全面建成小康社会时，很多人还不到 30 岁；到 21 世纪中叶基本实现现代化时，很多人还不到 60 岁。也就是说，实现“两个一百年”奋斗目标，你们和千千万万青年将全过程参与。广大青年要勇敢肩负起时代赋予的重任，志存高远，脚踏实地，努力在实现中华民族伟大复兴的中国梦的生动实践中放飞青春梦想。

当代大学生已经逐渐步入社会，参与社会实践，加强与社会的紧密联系，以培养自身的综合能力，提高自身整体素质作为大学阶段学习生活的最高目标。尤其面向 21 世纪的教育要求培养出各方面综合发展的人才。也就是说，21 世纪的人才，不仅要掌握知识，更重要的要有完善的人格。要关心环境、关心社会、关心他人，具有对环境对社会的责任感。青年兴则国家兴，青年强则国家强。当今是充满活力、机遇众多、英才辈出的时代，作为当代大学生要有理想、有抱负、有追求，认清形势，发奋学习，立志成才，报效祖国。

【案例】 当代大学生要做到“五要”

面对当今世界的形势，身为一个当代的大学生，我们应该做到以下几点：

一是要立志。要有坚定的信念，崇高的理想。认真学习马克思主义，使用马克思的辩证唯物主义世界观、人生观、价值观来指导自己的生活。用马列主义、毛泽东思想、邓小平理论“三个代表”重要思想及科学发展观重要理论武装自己，坚持党的基本路线、方针和政策不动摇。

二是要修身。注重道德修养，努力树立正确的世界观、人生观、价值观。对于当代大学生来说，应该多参加一些社会实践，正确把握社会现象、社会发展的本质和主流。在现实生活社会实践中形成价值观，也可以通过现实生活和社会实践中改变个人的价值观。加强自身修养，提高自身素质，为祖国更好的服务。

三是要勤学。要珍惜时光，发奋学习，刻苦钻研，打好人生成长进步的根基。作为大学生，我们目前主要的任务就是要学习好科学理论知识，提高自己的文化素质，利用自己学会的专业知识贡献社会，成为国家栋梁之才。将来走向社会，也要有活到老学到老的精神，不断学习新的知识，不断充实自己的头脑，为社会创造更大的价值。

四是要自强。在困难面前，要自强自立，乐观面对，经得起摔打，经得起磨练。国家将来要交在我们手里管理，这个民族的素质要靠我们去提高和引导走向。面对将来的国家、社会和家庭，我们将会有更多的考验。我们要勇敢面对困难，不停地接受挑战，在社会上奋斗拼搏。

五是要有为。要勇于面对社会，面对挑战，在社会的大舞台上敢试敢闯、有所作为、实现自身价值。当今的国际形势和国内形势都很严峻，作为大学生要把自己的命运同国家民族的前途联系在一起来考虑，懂得自己身上的责任、使命，以及义务。我们要时刻关注世界，当今世界飞速发展。地球村里的变化日新月异。生在当代，作为大学生的我们，岂能做那四角的书柜？抛掉陈旧的观念，拥抱外面精彩的世界，才是我们应该做的。青年是推动社会和历史前进的一支重要力量，无论是人类社会发展的历程中，还是中华民族发展的历程中，青年都发挥了重要作用。而大学生是青年中，知识层次较高，最具潜力，最有创造性的群体，因此，当代大学生的精神面貌和人生价值取向，将直接影响到国家的未来，事关中华民族伟大历史复兴的全局。当今国内外形势风云变幻，进入 21 世纪的中国正面临着难得的机遇和巨大的挑战，当代大学生也面临着深刻的国内外环境，因此，在高校大学生中广泛开展形势政策教育，对当代大学生如何在纷繁复杂的国内外形势下，正视我国面临的机遇与挑战，坚定信念，振奋精神，努力学习，报效祖国，具有重大的现实价值与深远的历史意义。

（资料来源：超星尔雅）

第三节　学习形势与政策的方法

一、要端正观察分析形势的立场

立场是指人们观察事物、处理问题时的立足点和态度。立场的本质是代表什么人、什么社会集团、什么阶级利益来认识和处理问题。要正确地分析形势，必须端正自己的立场。立场问题支配着每个人的言论和行为，站在不同的立场上就有对事物不同的态度、不同的观点。只有站在人民大众和国家的立场上，注意维护全局的利益，对事物的认识才能符合实际，其结论才是正确的。当然，观察形势的立足点也不都表现为人民大众和国家立场，还表现为全局和局部、集体和个人等不同的立足点。随着改革的不断深化和发展，这种不同立足点的表现是大量的、经常的。这种立足点不正确，对形势作出错误的估计，同样也会犯错误，给党和人民的事业造成损失。

二、要树立正确观察分析形势的基本观点

必须学会运用辩证唯物主义和历史唯物主义的观点，那就是实事求是的观点、普遍联系的观点、历史的发展的观点、全面的观点。

实事求是的观点是我们观察分析形势首要的、基本的观点，就是承认事物客观存在，研究并把握其内在规律，从实际出发，按规律办事。我们在观察分析形势的时候，必须坚持实事求是，从不同的时间、地点、条件等客观实际情况出发，分析思考，得出正确的结论，做到主观与客观相一致。

普遍联系的观点告诉我们，世界上的一切事物及事物内部诸要素之间都是相互影响、相互作用、相互制约的。世界上任何事物都不能孤立地存在，都同周围的其他事物联系着，普遍联系是事物和现象的客观本性，不同的联系对事物的存在和发展起着不同的作用。我们观察分析形势必须用联系的观点，防止片面和孤立地看待形势。

历史的发展的观点认为，世界上的一切事物都处于永恒的运动、变化和发展之中，绝对静止和一成不变的事物是不存在的，任何事物的发展都有一个过程，它的产生、发展和消亡都有其具体的历史原因和自身的矛盾运动规律。要正确地观察形势，就需要认识它的起因、变化和发展，把握事物的本质和规律。只有用历史的、发展的观点看问题，才能透过现象看本质，不为表面现象所迷惑。

全面的观点就是要全面分析形势，不能只看一点，以偏概全；要分清主流和支流，不能只看主流不看支流，也不能把支流夸大为主流；要分清现象和本质，不能只看现象而忽视问题的本质。比如：在我们建议社会主义市场经济体制的过程中，壮大了经济实力，增强了综合国力，提高了人民生活，这是主流的方面，也是形势的主要方面。同时，由于种种原因，在这一过程中也出现了分配不公等消极方面，但这只是支流，是前进中出现的暂时现象，绝不能因为这些不尽如人意的现象而否定大好形势和改革政策。

三、要掌握观察分析形势的基本方法

观察认识形势基本的方法多种多样，这里简要介绍一下信息法、分析综合法和比较法。

信息法就是通过掌握形势发展过程中所发生的种种情况，诸如事件、活动、材料、统计数字和图表等，对形势有真实、准确、及时的判断。分析形势应尽可能多地了解情况，多收集信息，并辨其真伪与准确程度，得出正确的结论。掌握信息的方法很多，读书、看报、听广播、收看电视，但最重要的还是深入社会、深入群众系统的调查，掌握第一手材料。

分析综合法是指在充分掌握材料的基础上，运用分析综合的方法，对大量的感性材料进行处理，使之上升为对形势的理性认识，对形势做出全面判断。

比较法是确定事物异同关系的逻辑方法。没有比较就没有鉴别，没有比较就难以对形势做出判断。按时间前后进行形势发展比较，称之为纵向比较；按不同地域、不同国家、不同条件进行形势变化比较，称之为横向比较。通常，人们用人均年产值变化的比较来反映社会生产力发展状况；用人均接受高等教育的比较来反映社会教育发展状况；用人均寿命的比较来反映社会基本生活水平；等等。此外，人们还运用不同时间、不同空间的统计结果进行不同历史时期、不同国家、不同环境下的发展状况研究。

四、要正确认识、坚决贯彻执行党和国家的政策

毛泽东同志说："一个革命政党的任何行动都是实行政策。不是实行正确的政策，就是实行错误的政策；不是自觉地，就是盲目地实行某种政策。"党的政策正确与否，执行的情况如何，关系到革命和建设事业的成败。认识政策的重要地位，是执行好政策的前提条件。

政策是实现党的领导的主要内容，是事业发展和社会进步的根本保证。作为在校大学生主要任务是学习专业知识、提高综合素质。提高综合素质本身就包括了正确看待形势、正确理解并认真贯彻执行党和国家的方针政策的要求。而认真学习党和国家的方针政策，领会其精神实质，是贯彻执行好政策的前提条件。学习党的方针政策，不仅要学好党的基本路线，而且要学习各项基本政策，包括业务领域的具体政策。要克服政策与己无关的思想。有些人认为制定政策是中央的事，执行政策是各级领导的事，与自己关系不大，这种思想是片面的。因为，我们的事业是亿万人的事业，政策只有少数人知道是不行的，必须让广大群众都知道，齐心协力去做，才能形成巨大的力量。大学生作为社会具有较高知识水平的人群之一，还担负着宣传政策、维护政策责任。因此，必须自己先学好政策。当然先学好政策也是大学生走上工作岗位将成为党和路线、方针、政策的贯彻执行者的先期实践，学会理解执行政策的方法，对大学生提升素质、全面发展至关重要。

【推荐阅读】　习近平寄语青年。(资料来源：人民网)

青年是祖国的未来、民族的希望。习近平总书记十分重视青年工作、关心青年成长，通过座谈、演讲、回信等多种形式寄语青年。很多寄语已经成为经典名句，比如"人生的扣子从一开始就要扣好""青春是用来奋斗的"。

习近平总书记关于青年工作的重要论述，全面系统、内涵丰富。在"五四"青年节来临之际，本报整理部分论述，供读者参考。

谈青年地位

★青年兴则国家兴，青年强则国家强

青年兴则国家兴，青年强则国家强。我们党自成立之日起，就始终代表广大青年、赢得广大青年、依靠广大青年。

——2013年5月4日，在同各界优秀青年代表座谈时的讲话

★青年最富有朝气、最富有梦想

青年最富有朝气、最富有梦想。近代以来，我国青年不懈追求的美好梦想，始终与振兴中华的历史进程紧密相联。在革命战争年代，广大青年满怀革命理想，为争取民族独立、人民解放冲锋陷阵、抛洒热血。在社会主义革命和建设时期，广大青年响应党的号召，向困难进军，向荒原进军，保卫祖国，建设祖国，在新中国的广阔天地忘我劳动、艰苦创业。在改革开放历史新时期，广大青年发出团结起来、振兴中华的时代强音，为祖国繁荣富强开拓奋进、锐意创新。

——2013年5月4日，在同各界优秀青年代表座谈时的讲话

★青年将全过程参与实现“两个一百年”

现在在高校学习的大学生都是20岁左右，到2020年全面建成小康社会时，很多人还不到30岁；到本世纪中叶基本实现现代化时，很多人还不到60岁。也就是说，实现“两个一百年”奋斗目标，你们和千千万万青年将全过程参与。

——2014年5月4日，在北京大学师生座谈会上的讲话

★青年是祖国的未来、民族的希望

青年是祖国的未来、民族的希望，也是我们党的未来和希望。中国共产党的创始人之一李大钊同志说过，青年要“为世界进文明，为人类造幸福，以青春之我，创建青春之家庭，青春之国家，青春之民族，青春之人类，青春之地球，青春之宇宙，资以乐其无涯之生”。95年来，我们党取得的所有成就都凝聚着青年的热情和奉献。

——2016年7月1日，在庆祝中国共产党成立95周年大会上的讲话

★高校学生是可爱、可信、可为的一代

每一代青年都有自己的际遇。现在高校学生大多是“95后”，再过两年，新世纪出生的青少年也将走进高校校园。他们朝气蓬勃、好学上进、视野宽广、开放自信，是可爱、可信、可为的一代。对当代高校学生，党和人民充分信任、寄予厚望。

——2016年12月7日，在全国高校思想政治工作会议上的讲话

谈理想信念

★青年有理想，国家就有前途

历史和现实都告诉我们，青年一代有理想、有担当，国家就有前途，民族就有希望，实现我

们的发展目标就有源源不断的强大力量。

——2013年5月4日，在同各界优秀青年代表座谈时的讲话

★青年大有可为、大有作为

展望未来，我国青年一代必将大有可为，也必将大有作为。这是“长江后浪推前浪”的历史规律，也是“一代更比一代强”的青春责任。广大青年要勇敢肩负起时代赋予的重任，志存高远，脚踏实地，努力在实现中华民族伟大复兴的中国梦的生动实践中放飞青春梦想。

——2013年5月4日，在同各界优秀青年代表座谈时的讲话

★没有理想信念，就会导致精神上“缺钙”

广大青年一定要坚定理想信念。“功崇惟志，业广惟勤。”理想指引人生方向，信念决定事业成败。没有理想信念，就会导致精神上“缺钙”。中国梦是全国各族人民的共同理想，也是青年一代应该牢固树立的远大理想。中国特色社会主义是我们党带领人民历经千辛万苦找到的实现中国梦的正确道路，也是广大青年应该牢固确立的人生信念。

——2013年5月4日，在同各界优秀青年代表座谈时的讲话

★增强对坚持党的领导的信念

广大青年要坚持用邓小平理论、“三个代表”重要思想、科学发展观武装头脑，把理想信念建立在对科学理论的理性认同上，建立在对历史规律的正确认识上，建立在对基本国情的准确把握上，不断增强道路自信、理论自信、制度自信，增强对坚持党的领导的信念，永远紧跟党高高举起中国特色社会主义伟大旗帜。

——2013年5月4日，在同各界优秀青年代表座谈时的讲话

★人生的扣子从一开始就要扣好

青年的价值取向决定了未来整个社会的价值取向，而青年又处在价值观形成和确立的时期，抓好这一时期的价值观养成十分重要。这就像穿衣服扣扣子一样，如果第一粒扣子扣错了，剩余的扣子都会扣错。人生的扣子从一开始就要扣好。

——2014年5月4日，在北京大学师生座谈会上的讲话

谈奋斗拼搏

★青春是用来奋斗的

人的一生只有一次青春。现在，青春是用来奋斗的；将来，青春是用来回忆的。

——2013年5月4日，在同各界优秀青年代表座谈时的讲话

★应该把学习作为首要任务

青年人正处于学习的黄金时期，应该把学习作为首要任务，作为一种责任、一种精神追求、一种生活方式，树立梦想从学习开始、事业靠本领成就的观念，让勤奋学习成为青春远航的动

力，让增长本领成为青春搏击的能量。

——2013年5月4日，在同各界优秀青年代表座谈时的讲话

★忌讳心浮气躁，朝三暮四

青年有着大好机遇，关键是要迈稳步子、夯实根基、久久为功。心浮气躁，朝三暮四，学一门丢一门，干一行弃一行，无论为学还是创业，都是最忌讳的。

——2014年5月4日，在北京大学师生座谈会上的讲话

★青年强是多方面的

少年强、青年强则中国强。少年强、青年强是多方面的，既包括思想品德、学习成绩、创新能力、动手能力，也包括身体健康、体魄强壮、体育精神。

——2014年8月15日，看望南京青奥会中国体育代表团时强调

★同人民一起奋斗，青春才能亮丽

当代中国青年要有所作为，就必须投身人民的伟大奋斗。同人民一起奋斗，青春才能亮丽；同人民一起前进，青春才能昂扬；同人民一起梦想，青春才能无悔。

——2015年7月24日，致全国青联十二届全委会和全国学联二十六大的贺信

★保持初生牛犊不怕虎的劲头

广大青年要保持初生牛犊不怕虎的劲头，不懂就学，不会就练，没有条件就努力创造条件。“志之所趋，无远弗届，穷山距海，不能限也。”对想做爱做的事要敢试敢为，努力从无到有、从小到大，把理想变为现实。要敢于做先锋，而不做过客、当看客，让创新成为青春远航的动力，让创业成为青春搏击的能量，让青春年华在为国家、为人民的奉献中焕发出绚丽光彩。

——2016年4月26日，在知识分子、劳动模范、青年代表座谈会上的讲话

谈国际交流

★青年人最容易结下纯真的友谊

青年是人民友谊的生力军。青年人情趣相近、意气相投，最谈得来，最容易结下纯真的友谊。

——2013年9月7日，在哈萨克斯坦纳扎尔巴耶夫大学的演讲

★中美友好希望在青年

中美两国人民对彼此都怀有淳朴友好的感情。中美友好的根基在民众，希望在青年。我曾多次访问美国，也去过普通美国人家中做客，美国民众的真诚好客让我深受感动。

——2014年7月9日，在第六轮中美战略与经济对话和第五轮中美人文交流高层磋商联合开幕式上的致辞

★心心相印、共创未来

青年人是中印两国的未来，也是亚洲和世界的希望。青年人有现实主义者的喜怒哀乐，更有理想主义者的信念和执着。希望你们从中印古老文明中汲取智慧，在追求真理的道路上一路向前。希望你们加强心灵沟通，把年轻的心留在中国，把年轻的心留在印度，大家心心相印、共创未来。

——2014 年 9 月 18 日，在印度世界事务委员会的演讲

★"民相亲"要从青年做起

"国之交在于民相亲"，而"民相亲"要从青年做起。希望两国青年做中越传统友谊的传承者，让中越友好在青年人中发扬光大。

——2015 年 4 月 7 日，同越共中央总书记阮富仲举行会谈时的讲话

★用欣赏、互鉴、共享的观点看待世界

世界的未来属于年轻一代。全球青年有理想、有担当，人类就有希望，推进人类和平与发展的崇高事业就有源源不断的强大力量。希望各国青年用欣赏、互鉴、共享的观点看待世界，推动不同文明交流互鉴、和谐共生，积极为构建人类命运共同体添砖献瓦。

——2015 年 10 月 26 日，在联合国教科文组织第九届青年论坛开幕式上的贺词

★树立世界眼光、增强合作意识

当今时代，世界各国人民的命运更加紧密地联系在一起，各国青年应该通过教育树立世界眼光、增强合作意识，共同开创人类社会美好未来。

——2016 年 9 月 10 日，致首届清华大学苏世民书院开学典礼的贺信

（资料来源：人民网—人民日报海外版，2017 年 05 月 03 日）

专题一　政治建设：党的根本性建设

旗帜鲜明讲政治是我们党作为马克思主义政党的根本要求。

党的政治建设是党的根本性建设，决定党的建设方向和效果，事关统揽推进伟大斗争、伟大工程、伟大事业、伟大梦想。

加强党的政治建设，目的是坚定政治信仰，强化政治领导，提高政治能力，净化政治生态，实现全党团结统一、行动一致。

第一节　从“低级红”“高级黑”看党的政治建设基本要义

说到党的建设,很多同学可能首先想到的是全面从严治党、反腐倡廉。不可否认这的确是党的建设的重要内容,但党的建设内涵要广泛很多。新时代党的建设总要求是:坚持和加强党的全面领导,坚持党要管党、全面从严治党,以加强党的长期执政能力建设、先进性和纯洁性建设为主线,以党的政治建设为统领,以坚定理想信念宗旨为根基,以调动全党积极性、主动性、创造性为着力点,全面推进党的政治建设、思想建设、组织建设、作风建设、纪律建设,把制度建设贯穿其中,深入推进反腐败斗争,不断提高党的建设质量,把党建设成为始终走在时代前列、人民衷心拥护、勇于自我革命、经得起各种风浪考验、朝气蓬勃的马克思主义执政党。

政党本质上是围绕一定的政治纲领、按照一定的政治路线、为实现一定的政治目标而组织起来、集中代表特定阶级利益的政治组织。政治属性是政党第一位的属性,政治建设是政党建设的根本要求。

十八大以来,习近平总书记多次提出要旗帜鲜明讲政治。他指出,“政治问题,任何时候都是根本性的大问题。”“干部在政治上出问题,对党的危害不亚于腐败问题,有的甚至比腐败问题更严重。”“历史经验表明,我们党作为马克思主义政党,必须旗帜鲜明讲政治”。旗帜鲜明讲政治是我们党作为马克思主义政党的根本要求。党的政治建设是党的根本性建设,决定党的建设方向和效果,事关统揽推进伟大斗争、伟大工程、伟大事业、伟大梦想。

什么是党的政治建设?我们可以从“低级红”“高级黑”中加以认识和体会。《中共中央关于加强党的政治建设的意见》明确指出,“坚决防止和纠正一切偏离‘两个维护’的错误言行,不得搞任何形式的‘低级红’‘高级黑’,决不允许对党中央阳奉阴违做两面人、搞两面派、搞‘伪忠诚’”。

所谓“低级红”就是有意或无意把党的信念和政治主张简单化、庸俗化。“低级红”分为两种情况,一种是站在个人立场上,认为自己的言行是“替党说话”,不顾及群众的反应,用无知或极端的态度来表达自己的“正义性”。另一种则是有意识地夸大事实,靠无原则的吹捧来引发人们的反感情绪。而“高级黑”则是一种居心叵测的刻意的“黑”,在语言上可能更讲究技巧、更华丽幽默,甚至有时披着学术的外衣,伪装性更强;再就是极端化地解读党的理想信念、宗旨、方针政策等,达到“黑”的目的。“高级黑”往往包含着不可告人的目的,有的是把屁股坐在了“敌对分子”那一边,用一种看似合理的言行来攻击我们的党、国家和军队。总的来说，无论是“低级红”还是“高级黑”，无论是主观故意，还是客观无知，都会给党的事业带来损害。

【拓展阅读】 “低级红”“高级黑”的几种典型案例

何为“低级红”“高级黑”？它又有哪些危害？近日，中宣部主管的《党建》杂志（2019 年第 4 期）刊发解放军报社评论部副主任桑林峰的文章《严防“低级红”“高级黑”》，罗列出 4 个典型案例并一一解析。

当前，我们身边存在不少“低级红”“高级黑”的现象。比如，黑龙江省某法院在网上发文称，“默然姐姐，28 天连续加班，没换过衣服，没洗过头，在执行局干警的心中，她就是女神、女超人”，看似颂扬敬业精神，却是违背人情常理的“低级红”。再比如，有人讲作风变化，写出了“副市长吃上了自己掏钱买的月饼”，言下之意就是官员以前“不用掏腰包”；有人讲纪律严明，宣传了“因洗澡 4 分钟没接巡视组电话受警告处分”，让人感到抓纪律“缺少人性”；有人讲脱贫攻坚，采写了“扶贫干部与女贫困户结婚”，很容易让人联想到我们党扶贫政策“偏离主题”。这些例子，有的用力过猛，授人以柄；有的主观臆断，偏离实际；有的行为极端，适得其反；有的乱扣帽子，混淆视听。说到底，黑的是党的形象，党的威信。

“低级红”“高级黑”的出现，在党内是少数党员干部政治能力不强的表现。但是，也有些“低级红”“高级黑”的做法，则是政治“两面人”的“高超伎俩”。广大党员干部必须增强政治意识，不断提高把握方向、把握大势、把握全局的能力，提高辨别政治是非、保持政治定力、驾驭政治局面、防范政治风险的能力。加强党的政治建设，目的是坚定政治信仰，强化政治领导，提高政治能力，净化政治生态，实现全党团结统一、行动一致。党的政治建设是统领党的其他方面建设的灵魂，深刻体现在政治立场、政治方向、政治原则、政治道路、政治纪律、政治规矩、政治能力、政治文化等各个方面，有着实实在在的要求。

加强党的政治建设的首要任务是坚决做到“两个维护”，强调坚持和加强党的全面领导，最重要的是坚决维护党中央权威和集中统一领导，最关键的是坚决维护习近平总书记党中央的核心、全党的核心地位，着力提高党的政治建设的政治性、时代性、针对性，推动各级党组织和党员、干部始终在政治立场、政治方向、政治原则、政治道路上同党中央保持高度一致。

【链接】 政治方向是党生存发展第一位的问题

政治方向是党生存发展第一位的问题，事关党的前途命运和事业兴衰成败。我们所要坚守的政治方向,就是共产主义远大理想和中国特色社会主义共同理想、“两个一百年”奋斗目标,就是党的基本理论、基本路线、基本方略。加强党的政治建设就是要发挥政治指南针作用,引导全党坚定理想信念、坚定“四个自信”,把全党智慧和力量凝聚到新时代坚持和发展中国特色社会主义伟大事业中来;就是要推动全党把坚持正确政治方向贯彻到谋划重大战略、制定重大政策、部署重大任务、推进重大工作的实践中去,经常对表对标,及时校准偏差,坚决纠正偏离和违背党的政治方向的行为,确保党和国家各项事业始终沿着正确政治方向发展;就是要把各级党组织建设成为坚守正确政治方向的坚强战斗堡垒,教育广大党员、干部坚定不移沿着正确政治方向前进。

——习近平总书记在十九届中央政治局第六次集体学习时的讲话(2018 年 6 月 29 日)

第二节 新形势下加强党的政治建设重大意义

在全面从严治党实践中,习近平总书记从一开始就把解决党内各种问题高度概括到党的政治建设上来,把违反政治纪律和政治规矩的现象归纳为“七个有之”,鲜明提出“五个必须”“五个决不允许”,强调全面从严治党首先要从政治上看,不能只讲腐败问题、不讲政治问题。实践证明,党的政治建设决定党的建设方向和效果,不抓党的政治建设或偏离党的政治建设指引的方向,党的其他建设就难以取得预期成效。中国特色社会主义进入新时代,我们党要以新气象新作为统揽推进伟大斗争、伟大工程、伟大事业、伟大梦想,就必须加强党的政治建设。

一方面,这是全面从严治党向纵深发展的内在需要。党的十八大以来,我们深刻认识到,党内存在的很多问题都同政治问题相关联,管党治党上的“宽松软”根子上是政治上的“宽松软”,加强党的政治建设是解决党内各种问题的治本之策。要成功应对新形势下我们党面临的“四大考验”“四种危险”,就必须把加强党的政治建设摆在首要位置,从根本上解决党内存在的思想不纯、政治不纯、组织不纯、作风不纯等问题,使我们党始终具有崇高政治理想、高尚政治追求、纯洁政治品质、严明政治纪律,永葆党的先进性和纯洁性。

另一方面,这是坚持和加强党的全面领导的必然要求。中国特色社会主义最本质的特征是中国共产党领导,中国特色社会主义制度的最大优势是中国共产党领导,党是最高政治领导力量,党的领导必须落实和体现到各方面各环节。在这个问题上,曾一度存在模糊甚至错误的认识和做法,有的认识不清、底气不足、能力不够,含糊其辞不敢领导、不会领导;有的只讲业务、不讲政治,弱化党的领导,党的领导在一些地方和单位落虚落空了。这些问题都是政治问题。解决这些问题,必须不断加强党的政治建设,建立健全坚持和加强党的全面领导的组织体系、制度体系、工作体系，提高党的执政能力和领导水平，使各级各类组织都在党的集中统一领导下齐心协力、协调一致开展工作，为夺取新时代中国特色社会主义伟大胜利提供坚强政治保证。

【拓展阅读】 "七个有之""五个必须""五个决不允许"

"七个有之"

一些人无视党的政治纪律和政治规矩，为了自己的所谓仕途，为了自己的所谓影响力，搞任人唯亲、排斥异己的有之，搞团团伙伙、拉帮结派的有之，搞匿名诬告、制造谣言的有之，搞收买人心、拉动选票的有之，搞封官许愿、弹冠相庆的有之，搞自行其是、阳奉阴违的有之，搞尾大不掉、妄议中央的也有之，如此等等。

——习近平总书记在中共十八届四中全会第二次全体会议上的讲话，2014年10月23日

"五个必须""五个决不允许"

一是必须维护党中央权威，决不允许背离党中央要求另搞一套，必须在思想上政治上行动上同党中央保持高度一致，听从党中央指挥，不得阳奉阴违、自行其是，不得对党中央的大政方针说三道四，不得公开发表同中央精神相违背的言论。

二是必须维护党的团结，决不允许在党内培植私人势力，要坚持五湖四海，团结一切忠实于党的同志，团结大多数，不得以人划线，不得搞任何形式的派别活动。

三是必须遵循组织程序，决不允许擅作主张、我行我素，重大问题该请示的请示，该汇报的汇报，不允许超越权限办事，不能先斩后奏。

四是必须服从组织决定，决不允许搞非组织活动，不得跟组织讨价还价，不得违背组织决定，遇到问题要找组织、依靠组织，不得欺骗组织、对抗组织。

五是必须管好亲属和身边工作人员，决不允许他们擅权干政、谋取私利，不得纵容他们影响政策制定和人事安排、干预日常工作运行，不得默许他们利用特殊身份谋取非法利益。

——习近平总书记在八届中央纪律检查委员会第五次全体会议上的讲话，2015年1月13日

第三节 加强党的政治建设主要任务部署

加强党的政治建设，要以党章为根本遵循，把党章明确的党的性质和宗旨、指导思想和奋斗目标、路线和纲领落到实处。要突显党的政治建设的根本性地位，聚焦党的政治属性、政治使命、政治目标、政治追求持续发力。要以党的政治建设为统领，把政治标准和政

治要求贯穿党的思想建设、组织建设、作风建设、纪律建设以及制度建设、反腐败斗争始终,以政治上的加强推动全面从严治党向纵深发展,引领带动党的建设质量全面提高。要坚持问题导向,注重“靶向治疗”,针对政治意识不强、政治立场不稳、政治能力不足、政治行为不端等突出问题强弱项补短板。要把党的政治建设融入党和国家重大决策部署的制定和落实全过程,做到党的政治建设与各项业务工作特别是中心工作紧密结合、相互促进。

一是坚定政治信仰。坚持用党的科学理论武装头脑,最重要的就是用习近平新时代中国特色社会主义思想武装全党、教育人民,牢固树立共产主义远大理想和中国特色社会主义共同理想,坚定“四个自信”,坚定执行党的政治路线,坚决站稳政治立场,牢记初心使命,凝聚起同心共筑中国梦的磅礴力量。

【拓展阅读】　党在社会主义初级阶段的基本路线

中国共产党在社会主义初级阶段的基本路线是:领导和团结全国各族人民,以经济建设为中心,坚持四项基本原则,坚持改革开放,自力更生,艰苦创业,为把我国建设成为富强民主文明和谐美丽的社会主义现代化强国而奋斗。这是中国共产党第十九次全国代表大会于 2017 年 10 月通过的《中国共产党章程》的规定。概括起来就是“一个中心、两个基本点”。

【理论探索】　五位一体与四个全面

“五位一体”总体布局:党的十八大报告指出,建设中国特色社会主义,总依据是社会主义初级阶段,总布局是五位一体,总任务是实现社会主义现代化和中华民族伟大复兴。报告对五位一体总体布局的阐述是,全面推进经济建设、政治建设、文化建设、社会建设、生态文明建设,实现以人为本、全面协调可持续的科学发展。

“四个全面”战略布局:全面建成小康社会、全面深化改革、全面依法治国、全面从严治党。

二是强化政治领导。坚持和加强党的全面领导,坚决做到“两个维护”、完善党的领导体制、改进党的领导方式。

【链接】　党是领导一切的

古人云:令之不行,政之不立。党政军民学,东西南北中,党是领导一切的。党中央制定的理论和路线方针政策，是全党全国各族人民统一思想、统一意志、统一行动的依据和基础。只有党中央有权威，才能把全党牢固凝聚起来，进而把全国各族人民紧密团结起来，形成万众一心、无坚不摧的磅礴力量。如果党中央没有权威，党的理论和路线方针政策可以随意不执行，大家各自为政、各行其是，想干什么就干什么，想不干什么就不干什么，党就会变成一盘散沙，就会成为自行其是的“私人俱乐部”，党的领导就会成为一句空话。

——习近平总书记在省部级主要领导干部学习贯彻十八届六中全会精神专题研讨班开班式上的讲话（2017 年 2 月 13 日）

三是提高政治能力。进一步增强党组织政治功能，彰显国家机关政治属性，发挥群团组织政治作用，强化国有企事业单位政治导向，不断提高党员干部特别是领导干部政治本领。

四是净化政治生态。把营造风清气正的政治生态作为基础性、经常性工作，着力增强党内政治生活的政治性、时代性、原则性、战斗性，严明党的政治纪律和政治规矩，发展积极健康的党内政治文化，突出政治标准选人用人，永葆共产党人清正廉洁的政治本色，推动实现正气充盈、政治清明。

【链接】 营造良好政治生态是一项长期任务

一个地方要实现政通人和、安定有序，必须有良好政治生态。政治生态污浊，就会滋生权欲熏心、阳奉阴违、结党营私、团团伙伙、拉帮结派等一系列问题，侵蚀党的思想道德基础。要严肃党内政治生活，深入整治选人用人不正之风，坚持正确用人导向，真正把忠诚党和人民事业、做人堂堂正正、干事干干净净的干部选拔出来，形成风清气正的良好政治生态。

——习近平总书记在参加十二届全国人大五次会议辽宁代表团的审议时的讲话（2017 年 3 月 7 日）

【推荐阅读】

1. 新中国成立 70 年来党的政治建设的优良传统

求是网 2019 年 04 月 11 日　资料来源：《新湘评论》

2. 加强党的政治建设，习近平总书记这么说

2018 年 07 月 01 日　资料来源：中央纪委国家监委网站

【思考题】

1. 两个维护的核心要义是什么?

2. 加强党的政治建设为什么是党的根本性建设?

专题二　居安思危 防范化解重大风险

从现在到2020年，是全面建成小康社会决胜期……坚决打好防范化解重大风险、精准脱贫、污染防治的攻坚战，使全面建成小康社会得到人民认可、经得起历史检验。

——2017年10月18日，习近平总书记在中国共产党第十九次全国代表大会上的报告

做到坚持和发展中国特色社会主义要一以贯之，推进党的建设新的伟大工程要一以贯之，增强忧患意识、防范风险挑战要一以贯之……

——2018年1月5日，习近平总书记在学习贯彻党的十九大精神研讨班开班式上的讲话

防范化解金融风险，事关国家安全、发展全局、人民财产安全，是实现高质量发展必须跨越的重大关口。

——2018年4月2日，习近平总书记主持召开中央财经委员会第一次会议强调

坚持以新时代中国特色社会主义思想为指导，全面贯彻落实党的十九大和十九届二中、三中全会精神，深刻认识和准确把握外部环境的深刻变化和我国改革发展稳定面临的新情况新问题新挑战，坚持底线思维，增强忧患意识，提高防控能力，着力防范化解重大风险，保持经济持续健康发展和社会大局稳定，为决胜全面建成小康社会、夺取新时代中国特色社会主义伟大胜利、实现中华民族伟大复兴的中国梦提供坚强保障。

——2019年1月21日，习近平总书记在省部级主要领导干部坚持底线思维着力防范化解重大风险专题研讨班开班式上发表重要讲话强调

第一节 防范化解重大风险事关中华民族伟大复兴大业

我国当前正处于一个大有可为的历史机遇期,发展形势总体上是好的,但是前进的道路不可能一帆风顺,可能会出现各种重大风险。习近平总书记指出,如果发生重大风险又扛不住,国家安全就可能面临重大危险,全面建成小康社会进程就可能被迫中断。我们必须把防范风险摆在突出位置,“图之于未萌,虑之于未有”,力争不出现重大风险或在出现风险时扛得住、过得去。越是在发展的关键时刻,越是要有居安思危的忧患意识,在忧患中继续砥砺前行。

居安而念危,则终不危;操治而虑乱,则终不乱。 ——宋·宋祁

【释义】处于安定时想到可能出现的危机,那么危机可以避免,治理得井然有序时想到可能出现的动乱,那么动乱可以免除而不致发生。

2017 年 10 月 18 日上午 9 时,中国共产党第十九次全国代表大会在人民大会堂大礼堂隆重召开。习近平总书记代表十八届中央委员会向大会作出报告。习近平总书记在报告中指出,今天,我们比历史上任何时期都更接近、更有信心和能力实现中华民族伟大复兴的目标。

实现中华民族伟大复兴是近代以来中华民族最伟大的梦想。2018 年 12 月,习近平总书记在庆祝改革开放 40 周年大会上说,建立中国共产党、成立中华人民共和国、推进改革开放和中国特色社会主义事业,是五四运动以来我国发生的三大历史性事件,是近代以来实现中华民族伟大复兴的三大里程碑。

习近平总书记指出:“为了实现中国梦,我们确立了‘两个一百年’奋斗目标。”1997 年 9 月 12 日,江泽民在中国共产党第十五次全国代表大会上的报告中首次提出“到建党一百年时,使国民经济更加发展,各项制度更加完善;到世纪中叶建国一百年时,基本实现现代化,建成富强民主文明的社会主义国家。”此后,党的十六大、十七大均对两个一百年奋斗目标作了强调和安排。2012 年,党的十八大描绘了全面建成小康社会、加快推进社会主义现代化的宏伟蓝图,向中国人民发出了向实现“两个一百年”奋斗目标进军的时代号召。“两个一百年”自此成为一个固定关键词,成为全国各族人民共同的奋斗目标。党的十九大报告清晰擘画全面建成社会主义现代化强国的时间表、路线图。在 2020 年全面建成小康社会、实现第一个百年奋斗目标的基础上,再奋斗 15 年,在 2035 年基本实现社会主义现代化。从 2035 年到本世纪中叶,在基本实现现代化的基础上,再奋斗 15 年,把我国建成富强民主文明和谐美丽的社会主义现代化强国。

中华民族伟大复兴,绝不是轻轻松松、敲锣打鼓就能实现的。实现伟大梦想,必须进行伟大斗争。我们党要团结带领人民有效应对重大挑战、抵御重大风险、克服重大阻力、解决重大矛盾,必须进行具有许多新的历史特点的伟大斗争。

改革开放40年以来,我国经历了长时间的快速发展,经济实力不断壮大,国内生产总值(GDP)总量跃居世界第二,已经进入中等偏上收入国家行列。一个国家发展到中等收入阶段(人均国内生产总值为3 000美元左右)后,可能出现两种结果:一是持续发展,逐渐成为发达国家;二是出现贫富悬殊、环境恶化甚至社会动荡等问题,导致经济发展徘徊不前,走入了中等收入陷阱。世界银行《东亚经济发展报告(2006)》提出了“中等收入陷阱”(Middle Income Trap)的概念,基本涵义是指:很少有中等收入的经济体成功地跻身为高收入国家,这些国家往往陷入了经济增长的停滞期,既无法在人力成本方面与低收入国家竞争,又无法在尖端技术研制方面与富裕国家竞争。一个经济体从中等收入向高收入迈进的过程中,既不能重复又难以摆脱以往由低收入进入中等收入的发展模式,很容易出现经济增长的停滞和徘徊,人均国民收入难以突破1万美元,成为高收入国家。进入这个时期,经济快速发展积累的矛盾集中爆发,原有的增长机制和发展模式无法有效应对由此形成的系统性风险,经济增长容易出现大幅波动或陷入停滞。大部分国家则长期在中等收入阶段徘徊,迟迟不能进入高收入国家行列。

从国际经验来看,第二次世界大战以后,成功完成转型跨入高收入国家行列的经济体一共只有13个。因此,经济转型伴随着风险和挑战。能否防范住各种风险的产生,能否成功化解各种已经产生的风险,为全面实现小康、实现两个一百年的战略目标创造相对稳定的内外发展环境,事关实现社会主义现代化和中华民族伟大复兴的大局,必须居安思危,提高防范化解重大风险的能力。

【链接】 小康与三步走战略

小康,是邓小平1979年会见当时的日本首相大平正芳时第一次提出的用于现代化发展战略的一个概念。1987年10月,党的十三大把邓小平“三步走”的发展战略构想确定下来。“所谓小康社会,就是虽不富裕,但日子好过。”为了规划中国现代化发展的蓝图,邓小平设想了著名的现代化发展“三步走”战略,即:第一步,从1981年到1990年,国民生产总值翻一番,实现温饱;第二步,从1991年到20世纪末,再翻一番,达到小康;第三步,到21世纪中叶,再翻两番,达到中等发达国家水平。2000年,我们已胜利地实现了“三步走”战略的第一步、第二步目标,全国人民的生活总体上达到了小康水平,实现了从温饱到小康的历史性跨越。下一步将开始全面建设小康社会，即达到中等发达国家程度的现代化发展战略第三步阶段。

第二节　认清风险是防范化解风险的前提和基础

新的历史条件下国际国内的各种复杂形势和严峻挑战，使得防范化解重大风险的任务依然十分艰巨。在主动防范化解各种风险中不断前进，是我们党事业成功的重要历史经验。居安思危，知危图安，才能防患于未然。坚持和发展中国特色社会主义是长期而艰巨的历史性任务，面临诸多需要着力解决的深层次问题，面临来自政治、意识形态、经济、科技、社会、外部环境、党的建设等领域的风险挑战。强化风险意识，常观大势、常思大局，科学预见形势发展走势和隐藏其中的风险挑战，做到未雨绸缪，切实重视分析解决各项工作中的风险，从思想、能力和制度上全面着力，在积极防范化解重大风险中开拓事业新局面。

一、意识形态领域的风险

党的十九大报告中明确指出，“建设具有强大凝聚力和引领力的社会主义意识形态。”能否做好意识形态工作，事关党的前途命运，事关国家长治久安，事关民族凝聚力和向心力。习近平总书记结合世界社会主义运动的历史深刻指出：“一刻也不能放松和削弱意识形态工作。在这方面，我们有过深刻教训。一个政权的瓦解往往是从思想领域开始的，政治动荡、政权更迭可能在一夜之间发生，但思想演化是个长期过程。思想防线被攻破了，其他防线就很难守住。我们必须把意识形态工作的领导权、管理权、话语权牢牢掌握在手中，任何时候都不能旁落，否则就要犯无可挽回的历史性错误。”从一定意义上说，价值观的分歧是最大的分歧，思想领域的崩溃是最深刻的危机。思想防线一旦被突破，就意味着整个社会陷于思想混乱、信仰失落、精神崩溃和价值冲突，这样一种社会状态必然难以维系，迟早分崩离析。

我们也应清醒看到，意识形态领域斗争依然复杂，面临的风险挑战依然严峻。从国际来看，西方敌对势力从来没有停止对我国实施西化、分化战略，政治渗透有增无减，少数别有用心者不断离间我们的党心、民心；从国内来看，全面深化改革背景下，改革的力度、深度、难度前所未有，不同群体的利益诉求、价值呈现多元化倾向，各种新思潮不断涌现，一些社会事件上升意识形态的风险不断增加；从互联网来看，特别是全媒体不断发展，使意识形态工作的社会环境和现实条件发生深刻变化，网络意识形态斗争日趋激烈等等，这些都要求我们必须居安思危、未雨绸缪，以积极进取、严肃认真的态度做好意识形态工作。

【理论探索】 意识形态

意识形态，属哲学范畴，可以理解为对事物的理解、认知，它是一种对事物的感观思想，它是观念、观点、概念、思想、价值观等要素的总和。意识形态不是人脑中固有的，而是源于社会存在。意识形态是与一定社会的经济和政治直接相联系的观念、观点、概念的总和，包括政治法律思想、道德、文学艺术、宗教（神秘特殊的意识形态）、哲学和其他社会科学等意识形式。马克思主义认为，意识形态是指由社会中的统治阶级对所有社会成员提出的一组观念。

二、经济领域的风险

当前，我国经济改革必须坚持以供给侧结构性改革为主线不动摇。而经济结构转型不会一蹴而就，新旧动能转换过程中的阵痛不可避免。同时，较为复杂严峻的外部形势，也给经济转型带来挑战。2018 年出现的经济领域企业信用风险上升、民营企业融资困难等一系列问题，正是这一阵痛的具体体现。

宏观经济数据显示，2018 年我国四个季度 GDP 增速分别为 6.8%、6.7%、6.5%、6.4%，下行压力逐季上升。投资和消费双双放缓，固定资产投资增速同比增长 5.9%，低于上年的7.2%；社会消费品零售总额同比增长 9%，较上年的 10.2%明显回落。展望 2019 年，中央经济工作会议指出，我国经济运行稳中有变、变中有忧，外部环境复杂严峻，经济面临下行压力。

从金融市场来看，随着 2018 年资管新规、退市新规、股份回购修法等一系列规章制度陆续出台落地，整顿成效明显，市场秩序得到修复。但应当充分认识到，我国金融领域的风险是过去长期积累起来的。这些风险错综复杂，牵一发而动全身。防范和化解系统性金融风险，做好重点领域风险防范处置，牢牢守住不发生系统性金融风险的底线仍然是金融系统工作的重中之重。

三、科技领域的风险

科技领域安全是国家安全的重要组成部分。近年来，随着科技革命和产业变革的加速推进，新技术、新产业加快发展，对经济社会发展的影响日益显著，全球围绕科技创新的竞争也更加激烈，科技领域的风险对于国家发展的影响越来越显著，需要我们保持高度警惕，采取有效措施应对和化解。

【新闻速览】 被美国列入"实体名单",华为早有战略部署应对

昨天,美国商务部工业和安全局(BIS)表示,将把中国公司华为及其70家附属公司列入"实体名单"。华为被列入"实体名单",也就意味着华为在未经美国政府的批准下是不能从美国公司购买零件的。美国商务部工业和安全局相关负责人罗斯周四受访时表示:"华为有关的命令将于周五生效。周三公布的这项行政命令将禁止华为在未经政府批准的情况下,从美国企业收购零组件和技术。"

当前,我国科技领域重大风险主要表现在以下几个方面。

1. 科技发展外部环境趋于紧张的风险

国际金融危机以来,全球经济增长持续低迷,国际上保护主义、民族主义、民粹主义情绪上升,逆全球化趋势更加明显,全球正处于第二次世界大战以来国际规则的重要重构期。而传统的国际治理体系逐步弱化,全球治理结构改革难以达到预期结果,对全球科技交流与合作产生限制,对全球科技发展造成不利影响,也将使我国科技创新发展外部环境更加紧张。近年来,以美国为首的发达国家对国际科技交流与合作采取更加严格的管制措施,比如制定新的出口管制清单,限制我国企业对美国高技术企业的并购,限制科技人员的交流等,严重影响了我国对外科技交流与合作。未来一定时期内,美国很多新的管制措施将陆续生效,可能带动全球进入国际科技对立的紧张局面,使我国外部技术来源渠道变窄,对我国国际科技合作交流带来严重的影响。

2. 科技发展由于自身能力不足而产生受制于人的风险

在全球化条件下,各国科技发展相互依存、互相促进,形成国际化产业分工体系。从总体上看,虽然我国科技发展取得了显著成效,但是产业核心关键技术受制于人的局面还没有从根本上得到改变。芯片、操作系统、发动机、精密仪器以及重大装备、重要材料、关键元器件等存在受制于人的问题。2017年,我国进口芯片3370亿块,金额达到2601亿美元。关键核心技术受制于人,使我国产业发展面临着巨大的被"卡脖子"风险。

3. 由于经济结构调整、资源配置不足等因素影响科技发展不能实现预期目标的风险

我国科技发展的总体目标是到2020年步入创新型国家行列、到2050年建成世界科技强国。2017年,我国研发经费投入强度仅为2.12%,距2020年达到2.5%的目标仍有较大差距。

四、社会领域的风险

社会领域包括与群众紧密相关的就业、教育、社会保障、医药卫生、食品安全、安全生产、社会治安、住房市场调控等各个方面，社会领域直接关乎群众的获得感、幸福感、安全感。党的十八大以来，我国社会领域建设成就显著，群众获得感显著增强，社会保障日益完善，社会治理水平明显提升，但我们也要清醒地认识到，我国公共安全事件易发多发，维护公共安全任务繁重。在自然与生态安全领域，全球气候变化、地理条件等使得我国成为世界上自然灾害最为严重的国家之一，灾害种类多、分布地域广、发生频率高、造成损失重；在生产与技术安全领域，经济高速发展、风险隐患点多面广等因素，使得我国各类事故多发频发，安全生产形势严峻；在公共卫生领域，我国对外开放的不断深化，经济社会全球化不断发展，卫生突发事件往往开放难控；在社会安全领域，国际恐怖主义泛滥、境外敌对势力插手等因素综合作用，我国社会安全形势错综复杂。

【新闻速览】 江苏响水特大爆炸事故致64人死亡，各项工作正在有序开展

央广网北京3月24日消息 据中国之声《新闻和报纸摘要》报道，江苏响水“3·21”特大爆炸事故现场指挥部昨天召开的第二次新闻发布会通报，截至昨天(23日)7点，事故已造成64人死亡。目前各项环保检测指标已处于正常范围内，救援和善后工作正在紧张有序开展。

五、外部环境的风险

改革开放40年，中国与世界的关系发生了历史性变化。中国充分把握经济全球化带来的机遇，不断对内深化改革、对外扩大开放，取得巨大发展成就。同时，中国共产党和中国人民也在不断提高应对外部环境变化的能力。当前，世界正处于大发展大变革大调整时期，处于百年未有之大变局中。站在世界舞台上，中华民族迎来了从站起来、富起来到强起来的伟大飞跃，中华民族伟大复兴展现出前所未有的光明前景。中国与外部世界的关系也进入了深度磨合期，一些发达国家贸易保护主义抬头，与我国贸易摩擦不断；西方敌对势力对我国实施西化、分化的图谋一直没有改变。在日益走近世界舞台中央的过程中，中国遇到的挑战将更严峻、竞争将更激烈。

1.经济环境复杂多变

国际金融危机深层次影响在相当长时期依然存在，世界经济复苏和金融市场走势的不确定性增加。随着我国金融市场对外开放程度不断提高,风险跨境传染的可能性增大。全球经济贸易增长乏力,保护主义抬头,各种高风险的非经济因素对世界经济稳定的冲击增大。美国政府奉行经济民族主义政策,图谋以“美国优先”重构对外经贸关系,高举贸易保护主义大棒,危及多边贸易体制和自由贸易秩序。中国在多个产业领域面临激烈国际竞争,装备制造、互联网信息等产业的核心技术、关键设备和零部件对外依赖度依然较高,引进先进技术受到多重因素制约。西方一些国家以维护所谓国家安全为名,以透明度、规则、标准为抓手,动用多种手段对中国进行制约。随着国际力量对比发生新变化,国际经济规则制定主动权之争也日趋激烈,国际经济秩序面临新调整。

2. 政治秩序不确定性增加

西方一些国家自身治理乱象丛生,民粹主义、极端主义、保守主义、分离主义、排外主义、反全球化思潮涌动,党争加剧,社会分化。一些发展中国家也不稳定,时常爆发冲突动荡。某些外部势力对中国颠覆破坏的图谋不改,在意识形态上加紧渗透,甚至想发动“颜色革命”,颠覆中国共产党领导,颠覆中国社会主义制度,对我国政治安全构成重大现实威胁。霸权主义仍然顽固,美国希望通过重振经济与军事实力,巩固世界和地区霸权,旧式冷战思维和零和博弈思维抬头,对中国推动构建新型大国关系构成挑战。

3. 安全威胁不容轻视

传统安全与非传统安全挑战相互交织。大国战略博弈加剧,地区局部冲突时有发生。国际反恐形势严峻,国际恐怖主义向全球化、长期化、高技术化、多样化、分散化方向发展。恐怖主义、分裂主义、极端主义“三股势力”对我国安全构成严重威胁。周边安全隐患仍存,地区热点问题难解。非传统安全问题凸显,网络安全威胁加剧,一些网络技术发达的国家着手酝酿“先发制人”打击政策,维护网络安全已成为各国普遍面临的重大议题。

4. 文化环境纷繁复杂

世界范围内文化交流交融交锋日益频繁,维护文化安全任务更加艰巨。某些别有用心的外部势力加紧对我国进行思想文化渗透,对党史、国史、民族史等进行恶意解构,在青少年中宣扬拜金主义、享乐主义、极端个人主义,对一些党员领导干部传播消极颓废文化,意识形态较量更为激烈。一些西方媒体对中国的制度、发展模式等仍然存在不少误解和偏见,“中国威胁论”不时出现,对中国进行曲解、污蔑和抹黑的言论时有耳闻。

六、党的建设的风险

为中国人民谋幸福,为中华民族谋复兴,是中国共产党人的初心和使命,是激励一代代中国共产党人前赴后继、英勇奋斗的根本动力。90多年来，我们党团结带领全国各族人民，经过艰巨卓绝的斗争，取得了革命、建设、改革的伟大成就，使中华民族的命运发生了历史性变化，使中华民族伟大复兴展现出前所未有的光明前景。实践证明，我们党是一个坚持科学理论武装、先进性特征鲜明的党，是一个一切为了人民、全心全意为人民服务的党，是一个经受得住各种风险考验、不断成熟自信的党，始终是领导全国各族人民坚持和发展中国特色社会主义的核心力量。习近平总书记强调，我们共产党人的忧患意识，就是忧党、忧国、忧民意识，这是一种责任，更是一种担当。要深刻认识党面临的执政考验、改革开放考验、市场经济考验、外部环境考验的长期性和复杂性，深刻认识党面临的精神懈怠危险、能力不足危险、脱离群众危险、消极腐败危险的尖锐性和严峻性，深刻认识增强自我净化、自我完善、自我革新、自我提高能力的重要性和紧迫性，坚持底线思维，做到居安思危。

【新闻速览】 中央纪委通报2017年全国纪检监察机关纪律审查情况

2017年，全国纪检监察机关共接受信访举报273.3万件次，处置问题线索125.1万件，谈话函询28.4万件次，立案52.7万件，处分52.7万人(其中党纪处分44.3万人)。处分省部级及以上干部58人，厅局级干部3300余人，县处级干部2.1万人，乡科级干部7.8万人，一般干部9.7万人，农村、企业等其他人员32.7万人。

（资料来源：新华网）

七组数据带你速览全面从严治党“成绩单”

人民群众最痛恨腐败现象，腐败是我们党面临的最大威胁。只有以反腐败永远在路上的坚韧和执着，深化标本兼治，保证干部清正、政府清廉、政治清明，才能跳出历史周期率，确保党和国家长治久安。当前，反腐败斗争形势依然严峻复杂，巩固压倒性态势、夺取压倒性胜利的决心必须坚如磐石。要坚持无禁区、全覆盖、零容忍，坚持重遏制、强高压、长震慑，坚持受贿行贿一起查，坚决防止党内形成利益集团。在市县党委建立巡察制度，加大整治群众身边腐败问题力度。不管腐败分子逃到哪里，都要缉拿归案、绳之以法。推进反腐败国家立法，建设覆盖纪检监察系统的检举举报平台。强化不敢腐的震慑，扎牢不能腐的笼子，增强不想腐的自觉，通过不懈努力换来海晏河清、朗朗乾坤。

——中国共产党第十九次全国代表大会报告(2017年10月18日)

（资料来源：新华网）

2019 年 1 月 21 日，习近平总书记在省部级主要领导干部坚持底线思维着力防范化解重大风险专题研讨班开班式上发表重要讲话。习近平总书记在讲话中就防范化解政治、意识形态、经济、科技、社会、外部环境、党的建设等领域重大风险作出深刻分析、提出明确要求。他强调，面对波谲云诡的国际形势、复杂敏感的周边环境、艰巨繁重的改革发展稳定任务，我们必须始终保持高度警惕，既要高度警惕"黑天鹅"事件，也要防范"灰犀牛"事件；既要有防范风险的先手，也要有应对和化解风险挑战的高招；既要打好防范和抵御风险的有准备之战，也要打好化险为夷、转危为机的战略主动战。

【理论探索】 "黑天鹅"事件与"灰犀牛"事件

"黑天鹅"事件指非常难以预测，且不寻常的事件，通常会引起市场连锁负面反应甚至颠覆。一般来说，"黑天鹅"事件是指满足以下三个特点的事件：它具有意外性；它产生重大影响；虽然它具有意外性，但人的本性促使我们在事后为它的发生编造理由，并且或多或少认为它是可解释和可预测的。

"灰犀牛"是与"黑天鹅"相互补足的概念，"灰犀牛"事件是太过于常见以至于人们习以为常的风险，"黑天鹅"事件则是极其罕见的、出乎人们意料的风险。

古根海姆学者奖获得者米歇尔·渥克撰写的《灰犀牛：如何应对大概率危机》一书让"灰犀牛"为世界所知。类似"黑天鹅"比喻小概率而影响巨大的事件，"灰犀牛"则比喻大概率且影响巨大的潜在危机。

灰犀牛体型笨重、反应迟缓，你能看见它在远处，却毫不在意，一旦它向你狂奔而来，定会让你猝不及防，直接被扑倒在地。它并不神秘，却更危险。可以说，"灰犀牛"是一种大概率危机，在社会各个领域不断上演。很多危机事件，与其说是"黑天鹅"，其实更像是"灰犀牛"，在爆发前已有迹象显现，但却被忽视。

【拓展阅读】 "灰犀牛"这个词从哪里来？

第三节 树立信心，增强本领，在防范化解重大风险中不断前进

一、要树立防范化解重大风险的信心和勇气

越是伟大的事业，越是充满艰难险阻，光明前景与风险挑战总是同时并存的。我们清醒地认识到各类风险，是为了更好地防范和化解风险，防患于未然，而不要被风险吓到，失去了信心和勇气。经历了5000多年风风雨雨的中华民族，什么样的阵势没见过！在实现民族复兴的伟大进程中，必然会有艰难险阻甚至惊涛骇浪。进入新时代，我们比历史上任何时期都更接近中华民族伟大复兴的目标，比历史上任何时期都更有信心、更有能力实现这个目标，中国特色社会主义呈现出前所未有的美好未来和光明前景。

1. 综合国力的不断增强为防范化解重大风险提供了坚实基础

改革开放40年，中国经济和国家整体实力有了大踏步的飞跃，21世纪初至今发展速度更是惊人，创造了中国速度、中国奇迹。我国国内生产总值由3 679亿元增长到2017年的82.7万亿元，年均实际增长9.5%，远高于同期世界经济2.9%左右的年均增速。我国国内生产总值占世界生产总值的比重由改革开放之初的1.8%上升到15.2%，多年来对世界经济增长贡献率超过30%。2010年中国GDP总量超过日本，成为世界第二大经济体，之后仅仅用了7年时间，于2017年GDP总量达到131 735.85万美元，是日本GDP总量的2倍，美国的2/3。我国货物进出口总额从206亿美元增长到超过4万亿美元，累计使用外商直接投资超过2万亿美元，对外投资总额达到1.9万亿美元。我国主要农产品产量跃居世界前列，建立了全世界最完整的现代工业体系，科技创新和重大工程捷报频传。我国基础设施建设成就显著，信息畅通，公路成网，铁路密布，高坝矗立，西气东输，南水北调，高铁飞驰，巨轮远航，飞机翱翔，天堑变通途。现在，我国是世界第二大经济体、制造业第一大国、货物贸易第一大国、商品消费第二大国、外资流入第二大国，我国外汇储备连续多年位居世界第一。

2. 党的领导为防范化解重大风险提供了坚强保障

“中国特色社会主义最本质的特征是中国共产党领导，中国特色社会主义制度的最大优势是中国共产党领导”。自从有了中国共产党，中国人民谋求民族独立、人民解放和国家富强、人民幸福的斗争就有了主心骨，中国人民就从精神上由被动转为主动。近一个世

纪以来,中国共产党义无反顾肩负起实现中华民族伟大复兴的历史使命,团结带领人民实现中国从几千年封建专制政治向人民民主的伟大飞跃,实现中华民族由近代不断衰落到根本扭转命运、持续走向繁荣富强的伟大飞跃。中国共产党团结带领人民进行改革开放新的伟大革命,破除阻碍国家和民族发展的一切思想和体制障碍,开辟中国特色社会主义道路,使中国大踏步赶上时代。历史充分证明,中国共产党作为最高政治领导力量,当之无愧、实至名归。

【新闻速览】　新闻联播国际锐评:中国已做好全面应对的准备

央视网5月13日消息(新闻联播):本台刊播《国际锐评:中国已做好全面应对的准备》。

锐评指出,对于美方发起的贸易战,中国早就表明态度:不愿打,但也不怕打,必要时不得不打。面对美国的软硬两手,中国也早已给出答案:谈,大门敞开;打,奉陪到底。经历了5000多年风风雨雨的中华民族,什么样的阵势没见过?! 在实现民族复兴的伟大进程中,必然会有艰难险阻甚至惊涛骇浪。美国发起的对华贸易战,不过是中国发展进程中的一道坎儿,没什么大不了,中国必将坚定信心、迎难而上,化危为机,斗出一片新天地。

无论外部风云如何变幻,对中国来说,最重要的就是做好自己的事情,不断深化改革,扩大开放,实现经济高质量发展。美国下一步是要谈,还是要打,抑或是采取别的动作,中国都已备足了政策工具箱,做好了全面应对的准备。这正如习近平主席所指出,中国经济是一片大海,而不是一个小池塘;狂风骤雨可以掀翻小池塘,但不能掀翻大海;经历了无数次狂风骤雨,大海依旧在那儿!

(资料来源:央视网)

二、在防范化解重大风险中提高防控能力

深入把握防范化解重大风险的内在规律。要在全面掌握风险成因中防控风险。对风险成因的认识越为全面准确,防控风险就越为自觉主动。要在有效化解风险振荡中防控风险。防控风险,不仅要求平息大的动荡,而且要求遏制于萌芽状态。要在及时中止风险演化中防控风险。通过完善风险防控机制,主动作为,中止风险的演化,或是改变风险的路径，不让小风险演化为大风险，不让个别风险演化为综合风险。

勇于担当防范化解重大风险的领导责任。领导干部要加强理论修养，提高战略思维、历史思维、辩证思维、创新思维、法治思维、底线思维能力，善于从纷繁复杂的矛盾中把握规律，不断积累经验、增长才干。领导干部要具有充沛顽强的斗争精神，敢于担当、敢于斗争，保持斗争精神、增强斗争本领，应对好每一场重大风险挑战。

【拓展阅读】

1. 习近平在省部级主要领导干部坚持底线思维着力防范化解重大风险专题研讨班开班式上发表重要讲话，新华社 2019 年 01 月 21 日。

2. 坚持底线思维防范化解重大风险，光明日报 2019 年 02 月 21 日。

【思考题】

1. 当前我国面临的主要风险表现在哪些方面？

2. 你认为当代大学生在防范化解重大风险方面应该怎样做？

专题三 光辉历程:改革开放的伟大成就和宝贵经验

建立中国共产党、成立中华人民共和国、推进改革开放和中国特色社会主义事业,是五四运动以来我国发生的三大历史性事件,是近代以来实现中华民族伟大复兴的三大里程碑。

改革开放是我们党的一次伟大觉醒,正是这个伟大觉醒孕育了我们党从理论到实践的伟大创造。改革开放是中国人民和中华民族发展史上一次伟大革命,正是这个伟大革命推动了中国特色社会主义事业的伟大飞跃!

40年的实践充分证明,党的十一届三中全会以来我们党团结带领全国各族人民开辟的中国特色社会主义道路、理论、制度、文化是完全正确的,形成的党的基本理论、基本路线、基本方略是完全正确的。

40年的实践充分证明,中国发展为广大发展中国家走向现代化提供了成功经验、展现了光明前景,是促进世界和平与发展的强大力量,是中华民族对人类文明进步作出的重大贡献。

40年的实践充分证明,改革开放是党和人民大踏步赶上时代的重要法宝,是坚持和发展中国特色社会主义的必由之路,是决定当代中国命运的关键一招,也是决定实现“两个一百年”奋斗目标、实现中华民族伟大复兴的关键一招。

第一节　改革开放40年取得的伟大成就

1979年
那是一个春天
有一位老人在中国的南海边画了一个圈
神话般地崛起座座城
奇迹般聚起座座金山
春雷啊唤醒了长城内外
春晖啊暖透了大江两岸
啊 中国 啊 中国
你迈开了气壮山河的新步伐
你迈开了气壮山河的新步伐
走进万象更新的春天
……

这首脍炙人口的歌曲名叫《春天的故事》，它运用白描的手法，叙述的笔触，和亲切感人的语调，热情歌颂了邓小平制定的改革开放政策，以及改革开放政策给中国带来的巨大变化。1978年，当时世界经济快速发展，科技进步日新月异，而“文化大革命”十年内乱却导致我国经济濒临崩溃的边缘，人民温饱都成问题，国家建设百业待兴。在党和国家面临何去何从的重大历史关头，1978年12月18日召开的党的十一届三中全会拉开了改革开放的大幕。到了2017年，我国国内生产总值已经达到82.7万亿元，成为世界第二大经济体，同时还是世界制造业第一大国、货物贸易第一大国、商品消费第二大国、外资流入第二大国，外汇储备连续多年位居世界第一。

回顾改革开放40年的光辉历程，总结改革开放的伟大成就和宝贵经验，可以激励我们在新时代继续把改革开放推向前进，为实现“两个一百年”奋斗目标、实现中华民族伟大复兴的中国梦不懈奋斗。

建立中国共产党、成立中华人民共和国、推进改革开放和中国特色社会主义事业，是五四运动以来我国发生的三大历史性事件，是近代以来实现中华民族伟大复兴的三大里程碑。改革开放40年来，我们解放思想、实事求是，大胆地试、勇敢地改，干出了一片新天地。从实行家庭联产承包、乡镇企业异军突起、取消农业税、牧业税和特产税到农村承包地“三权”分置、打赢脱贫攻坚战、实施乡村振兴战略,从兴办深圳等经济特区、沿海沿边沿江沿线和内陆中心城市对外开放到加入世界贸易组织、共建“一带一路”、设立自由贸易试验区、谋划中国特色自由贸易港、成功举办首届中国国际进口博览会,从“引进来”到“走出去”,从搞好国营大中小企业、发展个体私营经济到深化国资国企改革、发展混合所有制经济,从单一公有制到公有制为主体、多种所有制经济共同发展和坚持“两个毫不动摇”,从传统的计划经济体制到前无古人的社会主义市场经济体制再到使市场在资源配置中起决定性作用和更好发挥政府作用,从以经济体制改革为主到全面深化经济、政治、文化、社会、生态文明体制和党的建设制度改革,党和国家机构改革、行政管理体制改革、依法治国体制改革、司法体制改革、外事体制改革、社会治理体制改革、生态环境督察体制改革、国家安全体制改革、国防和军队改革、党的领导和党的建设制度改革、纪检监察制度改革等一系列重大改革扎实推进,各项便民、惠民、利民举措持续实施,使改革开放成为当代中国最显著的特征、最壮丽的气象。

一、政治领域的伟大成就

40年来,我们始终坚持解放思想、实事求是、与时俱进、求真务实,坚持马克思主义指导地位不动摇,坚持科学社会主义基本原则不动摇,勇敢推进理论创新、实践创新、制度创新、文化创新以及各方面创新,不断赋予中国特色社会主义以鲜明的实践特色、理论特色、民族特色、时代特色,形成了中国特色社会主义道路、理论、制度、文化,以不可辩驳的事实彰显了科学社会主义的鲜活生命力,社会主义的伟大旗帜始终在中国大地上高高飘扬!

我们始终坚持中国特色社会主义政治发展道路,不断深化政治体制改革,发展社会主义民主政治,党和国家领导体制日益完善,全面依法治国深入推进,中国特色社会主义法律体系日益健全,人民当家作主的制度保障和法治保障更加有力,人权事业全面发展,爱国统一战线更加巩固,人民依法享有和行使民主权利的内容更加丰富、渠道更加便捷、形式更加多样,掌握着自己命运的中国人民焕发出前所未有的积极性、主动性、创造性,在改革开放和社会主义现代化建设中展现出气吞山河的强大力量!

【拓展阅读】 中国道路新境界——外国政党政要眼中的中国道路

党的十八大吸引了全球关注的目光。截至11月21日,外国政党政要来贺电函已经超过800份,其数量之多、代表性之广均创下历史之最。从贺电函内容来看,外国政党政要将关注重点投向中国道路,从不同层面、不同视角表达对中国道路的认识和期待。

外国政党政要高度评价中国道路取得的历史性成就，表示中共在不同历史时期执行正确的政治路线，尤其是十六大以来克服重重困难和挑战，在国家政治、经济、社会、文化建设事业中又向前迈进了历史性一步，中国的综合国力、人民生活水平、国际地位及影响力获得了显著提升。在中共领导集体顺利交接后，中共没有躺在历史的功劳簿上，而是主动进取、积极作为，明确提出全面建成小康社会和全面深化改革开放的具体目标，在中国特色社会主义道路上继续开拓进取。

（资料来源：求是）

二、经济领域的伟大成就

40年来，我们始终坚持以经济建设为中心，不断解放和发展社会生产力，我国国内生产总值由3 679亿元增长到2017年的82.7万亿元，年均实际增长9.5%，远高于同期世界经济2.9%左右的年均增速。我国国内生产总值占世界生产总值的比重由改革开放之初的1.8%上升到15.2%，多年来对世界经济增长贡献率超过30%。我国货物进出口总额从206亿美元增长到超过4万亿美元，累计使用外商直接投资超过2万亿美元，对外投资总额达到1.9万亿美元。我国主要农产品产量跃居世界前列，建立了全世界最完整的现代工业体系，科技创新和重大工程捷报频传。我国基础设施建设成就显著，信息畅通，公路成网，铁路密布，高坝矗立，西气东输，南水北调，高铁飞驰，巨轮远航，飞机翱翔，天堑变通途。现在，我国是世界第二大经济体、制造业第一大国、货物贸易第一大国、商品消费第二大国、外资流入第二大国，我国外汇储备连续多年位居世界第一，中国人民在富起来、强起来的征程上迈出了决定性的步伐！

【拓展阅读】 “数”说历史性跨越——统计数据展现改革开放40年中国经济社会发展成就

数据显示，2017年，我国国内生产总值按不变价计算比1978年增长33.5倍，年均增长9.5%，远高于同期世界经济2.9%左右的年均增速。1978年，我国国内生产总值只有3679亿元，2017年首次站上80万亿元的历史新台阶。

人均国内生产总值不断提高。2017年，我国人均国内生产总值59 660元，扣除价格因素，比1978年增长22.8倍，年均实际增长8.5%。我国人均国民总收入（GNI）由1978年的200美元提高到2016年的8 250美元，超过中等偏上收入国家平均水平，在世界银行公布的217个国家（地区）中排名上升到第95位。

财政实力显著增强。1978 年,国家一般公共预算收入仅 1 132 亿元,2017 年达到 172 567 亿元,1979 年至 2017 年年均增长 13.8%。

经济规模跃居世界第二位。1978 年,我国经济总量居世界第十一位;2010 年超过日本,成为世界第二大经济体。2017 年,我国国内生产总值占世界经济总量的 15%左右,比 1978 年提高 13 个百分点左右。

外汇储备大幅增长。1978 年,我国外汇储备仅 1.67 亿美元,位居世界第 38 位,2017 年末外汇储备余额达 31 399 亿美元,稳居世界第一位。

城镇化稳步推进。2017 年末,我国常住人口城镇化率为 58.52%,比 1978 年末上升 40.6 个百分点;我国户籍人口城镇化率达 42.35%,与常住人口城镇化率的差距缩小到 16.17 个百分点。

统计显示,农业基础地位不断强化。2017 年,我国粮食总产量稳定在 1.2 万亿斤以上,比 1978 年翻一番。近年来,我国谷物、肉类、花生、茶叶产量稳居世界第一位,油菜籽产量稳居世界第二位,甘蔗产量稳居世界第三位。

工业生产能力不断提升。2017 年,钢材产量 10.5 亿吨,比 1978 年增长 46.5 倍;水泥产量 23.4 亿吨,增长 34.8 倍;汽车产量 2 902 万辆,增长 193.8 倍。

交通运输建设成效突出。2017 年末,铁路营业里程达到 12.7 万公里,比 1978 年末增长 1.5 倍,其中高速铁路达到 2.5 万公里,占世界高铁总量 60%以上。2017 年末,公路里程 477 万公里,比 1978 年末增长 4.4 倍。

邮电通信业快速发展。2017 年末,全国移动电话普及率达到 102.5 部/百人;建成了全球最大的移动宽带网,移动宽带用户达 11.3 亿户。

(资料来源:新华社)

一图读懂!改革开放 40 年经济社会发展成就!

三、文化领域的成就

40 年来,我们始终坚持发展社会主义先进文化,加强社会主义精神文明建设,培育和践行社会主义核心价值观,传承和弘扬中华优秀传统文化,坚持以科学理论引路指向,以正确舆论凝心聚力,以先进文化塑造灵魂,以优秀作品鼓舞斗志,爱国主义、集体主义、社会主义精神广为弘扬，时代楷模、英雄模范不断涌现，文化艺术日益繁荣，网信事业快速发展，全民族理想信念和文化自信不断增强，国家文化软实力和中华文化影响力大幅提升。改革开放铸就的伟大改革开放精神，极大丰富了民族精神内涵，成为当代中国人民最鲜明的精神标识！

【新闻速览】 再创记录！《战狼2》观影人次1.4亿登顶全球榜首

《战狼Ⅱ》是吴京执导的动作军事电影，由吴京、弗兰克·格里罗、吴刚、张翰、卢靖姗、淳于珊珊、丁海峰等主演。该片于2017年7月27日在中国内地上映。该片讲述了脱下军装的冷锋被卷入了一场非洲国家的叛乱，本来能够安全撤离的他无法忘记军人的职责，重回战场展开救援的故事。本片以56.8亿元雄踞国产电影历史最高票房纪录。并在中国内地创下累计观影1.4亿人次的成绩，荣登"单一市场观影人次"全球榜首。

（资料来源：百度百科）

四、民生领域的伟大成就

40年来，我们始终坚持在发展中保障和改善民生，全面推进幼有所育、学有所教、劳有所得、病有所医、老有所养、住有所居、弱有所扶，不断改善人民生活、增进人民福祉。全国居民人均可支配收入由171元增加到2.6万元，中等收入群体持续扩大。我国贫困人口累计减少7.4亿人，贫困发生率下降94.4个百分点，谱写了人类反贫困史上的辉煌篇章。教育事业全面发展，九年义务教育巩固率达93.8%。我国建成了包括养老、医疗、低保、住房在内的世界最大的社会保障体系，基本养老保险覆盖超过9亿人，医疗保险覆盖超过13亿人。常住人口城镇化率达到58.52%，上升40.6个百分点。居民预期寿命由1981年的67.8岁提高到2017年的76.7岁。我国社会大局保持长期稳定，成为世界上最有安全感的国家之一。粮票、布票、肉票、鱼票、油票、豆腐票、副食本、工业券等百姓生活曾经离不开的票证已经进入了历史博物馆，忍饥挨饿、缺吃少穿、生活困顿这些几千年来困扰我国人民的问题总体上一去不复返了！

五、生态文明领域的伟大成就

40年来，我们始终坚持保护环境和节约资源，坚持推进生态文明建设，生态文明制度体系加快形成，主体功能区制度逐步健全，节能减排取得重大进展，重大生态保护和修复工程进展顺利，生态环境治理明显加强，积极参与和引导应对气候变化国际合作，中国人民生于斯、长于斯的家园更加美丽宜人！

【拓展阅读】　守住绿水青山　守住美丽幸福——党的十八大以来生态文明建设成果述评

曾以伐木为主业的内蒙古阿尔山，如今凭借壮阔的林海引得人流如织，贵州遵义深山里的团结村以好生态首次迎来八方游客，在四川宜宾、浙江衢州和新疆莎车，人们在美丽生态中感受幸福乡村。金秋十月，举国欢庆，各地群众流连于绿水青山，神州大地上处处跃动着人与自然和谐共生的美丽图景。

党的十八大以来，以习近平同志为核心的党中央始终把生态文明建设放在治国理政的突出位置，生态文明体制改革全面深化，我国生态环境保护发生了历史性、转折性、全局性变化，思想认识程度之深、污染治理力度之大、制度出台频度之密、执法督察尺度之严、环境改善速度之快前所未有，生态文明建设取得显著成效，美丽中国揭开崭新一页。

（资料来源：光明日报）

六、军队建设领域的伟大成就

40 年来，我们始终坚持党对军队的绝对领导，不断推进国防和军队现代化，推进人民军队实现革命性重塑，武器装备取得历史性突破，治军方式发生根本性转变，革命化现代化正规化水平显著提高，人民军队维护国家主权、安全、发展利益的能力显著增强，成为保卫人民幸福生活、保卫祖国和世界和平牢不可破的强大力量！

【新闻速览】　沙场点兵——庆祝中国人民解放军建军 90 周年阅兵全景纪实

广袤的朱日和训练基地，黄沙漫卷，硝烟四起。

2017 年 7 月 30 日上午，刚刚参加完实战化训练的 1.2 万名官兵、600 余台（套）装备，征尘未洗、整齐列阵，以战斗的姿态迎接检阅。

这是我军首次举行以庆祝建军节为主题的阅兵。

这是我军革命性整体性改革重塑后的全新亮相。

这是我军向世界一流军队奋力进发的庄严宣示。

……

（资料来源：新华社）

七、推进祖国统一领域的伟大成就

40年来,我们始终坚持推进祖国和平统一大业,实施“一国两制”基本方针,相继恢复对香港、澳门行使主权,洗雪了中华民族百年屈辱。我们坚持一个中国原则和“九二共识”,加强两岸经济文化交流合作,推动两岸关系和平发展,坚决反对和遏制“台独”分裂势力,牢牢掌握两岸关系发展主导权和主动权。海内外全体中华儿女的民族认同感、文化认同感大大增强,同心共筑中国梦的意志更加坚强!

八、外交领域的伟大成就

40年来,我们始终坚持独立自主的和平外交政策,始终不渝走和平发展道路、奉行互利共赢的开放战略,坚定维护国际关系基本准则,维护国际公平正义。我们实现由封闭半封闭到全方位开放的历史转变,积极参与经济全球化进程,为推动人类共同发展作出了应有贡献。我们积极推动建设开放型世界经济、构建人类命运共同体,促进全球治理体系变革,旗帜鲜明反对霸权主义和强权政治,为世界和平与发展不断贡献中国智慧、中国方案、中国力量。我国日益走近世界舞台中央,成为国际社会公认的世界和平的建设者、全球发展的贡献者、国际秩序的维护者!

【拓展阅读】 向世界贡献中国方案

当前,尽管世界经济逐步回暖,全球依然增长动力不足,发展赤字更加凸显。如何消解全球发展赤字,中国从发展理念、发展动力、发展平台等方面进行了顶层设计,作出了战略谋划。

推动国际秩序朝着更加公正合理的方向发展已经成为国际社会的普遍期待。中国有责任、有义务推动全球治理体系朝着更加公正合理的方向发展,更好维护我国和广大发展中国家的共同利益。

习近平新时代中国特色社会主义思想对关乎人类未来发展的全球性问题给出了中国方案,这些方案倾注了中国价值和中国精神,为重构经济全球化时代的国际交往理性和世界精神奠定了基础。

……

(资料来源:光明日报)

九、党的建设领域的伟大成就

40年来,我们始终坚持加强和改善党的领导,积极应对在长期执政和改革开放条件下党面临的各种风险考验,持续推进党的建设新的伟大工程,保持党的先进性和纯洁性,保持党同人民群众的血肉联系。我们积极探索共产党执政规律、社会主义建设规律、人类社会发展规律,不断开辟马克思主义中国化新境界。我们坚持党要管党、从严治党,净化党内政治生态,持之以恒正风肃纪,大力整治形式主义、官僚主义、享乐主义和奢靡之风,以零容忍态度严厉惩治腐败,反腐败斗争取得压倒性胜利。我们党在革命性锻造中坚定走在时代前列,始终是中国人民和中华民族的主心骨!

【新闻速览】 打虎拍蝇猎狐——十八大以来的反腐成绩单

截至2017年10月,党的十八大以来,共立案审查省军级以上党员干部及其他中管干部440人,其中十八届中央委员、候补委员43人,中央纪委委员9人;厅局级干部8900余人,县处级干部6.3万人。处分基层党员干部27.8万人。追回外逃人员3453名,"百名红通人员"48人落网。

第二节 改革开放40年的宝贵经验

40年风雨砥砺,40年昂首奋进,中国人民用勤劳和汗水在人类发展史上书写了国家和民族发展的壮丽史诗。20世纪80年代末,美国学者福山提出"历史终结论"时,一定不会想到中国不但没有被历史终结,反而创造了历史的奇迹。从1.8%到15%,这是40年来中国经济总量占世界份额的攀升幅度;年均经济增长9.5%,远高于同期世界经济2.9%左右的年均增速;近年来对世界经济增长的贡献率超过30%,超过美欧日三者总和;40年来中国农村贫困发生率从97.5%下降到3.1%,农村贫困人口减少了7.4亿人,对全球减贫贡献率超过70%;人均可支配收入增长22.8倍,成功由低收入国家跨入中等偏上收入国家行列……

改革开放40年取得的伟大成就充分证明了党的十一届三中全会以来我们党团结带领全国各族人民开辟的中国特色社会主义道路、理论、制度、文化是完全正确的,形成的党的基本理论、基本路线、基本方略是完全正确的。中国发展为广大发展中国家走向现代化提供了成功经验、展现了光明前景,是促进世界和平与发展的强大力量,是中华民族对人类文明进步作出的重大贡献。因此，改革开放是党和人民大踏步赶上时代的重要法宝，是坚持和发展中国特色社会主义的必由之路，是决定当代中国命运的关键一招，也是决定实现“两个一百年”奋斗目标、实现中华民族伟大复兴的关键一招。习近平总书记指出，改革开放40年积累的宝贵经验是党和人民弥足珍贵的精神财富，对新时代坚持和发展中国特色社会主义有着极为重要的指导意义，必须倍加珍惜、长期坚持，在实践中不断丰富和发展。

一、必须坚持党对一切工作的领导，不断加强和改善党的领导

中国共产党领导是中国特色社会主义最本质的特征，是中国特色社会主义制度的最大优势。正是因为始终坚持党的集中统一领导，我们才能实现伟大历史转折、开启改革开放新时期和中华民族伟大复兴新征程，才能成功应对一系列重大风险挑战、克服无数艰难险阻，才能有力应变局、平风波、战洪水、防非典、抗地震、化危机，才能既不走封闭僵化的老路也不走改旗易帜的邪路，而是坚定不移走中国特色社会主义道路。坚持党的领导，必须不断改善党的领导，让党的领导更加适应实践、时代、人民的要求。在坚持党的领导这个决定党和国家前途命运的重大原则问题上，全党全国必须保持高度的思想自觉、政治自觉、行动自觉，丝毫不能动摇。

二、必须坚持以人民为中心，不断实现人民对美好生活的向往

为中国人民谋幸福，为中华民族谋复兴，是中国共产党人的初心和使命，也是改革开放的初心和使命。我们党来自人民、扎根人民、造福人民，全心全意为人民服务是党的根本宗旨，必须以最广大人民根本利益为我们一切工作的根本出发点和落脚点，坚持把人民拥护不拥护、赞成不赞成、高兴不高兴作为制定政策的依据，顺应民心、尊重民意、关注民情、致力民生，既通过提出并贯彻正确的理论和路线方针政策带领人民前进，又从人民实践创造和发展要求中获得前进动力，让人民共享改革开放成果，激励人民更加自觉地投身改革开放和社会主义现代化建设事业。

【拓展阅读】 从《共产党宣言》到《为人民服务》

人民群众是历史的创造者，无产阶级政党代表着广大人民群众的利益，以实现人的自由全面发展为目标，全心全意服务于绝大多数人。毛泽东在1944年9月发表的《为人民服务》一文中着重阐述了这一思想，充分肯定和高度评价了人民群众的历史地位。追根溯

源,马克思、恩格斯在1848年发表的《共产党宣言》中对无产阶级在社会历史发展进步中的重要地位和作用的科学阐述,被称为马克思主义群众史观形成的标志。后来的马克思主义者列宁、毛泽东等在批判继承的基础上,结合本国具体国情,不断丰富和发展着马克思群众史观的理论内涵,《为人民服务》一文就是重要标志之一。

(资料来源:人民网—中国共产党新闻网)

三、必须坚持马克思主义指导地位,不断推进实践基础上的理论创新

创新是改革开放的生命。实践发展永无止境,解放思想永无止境。我们坚持理论联系实际,及时回答时代之问、人民之问,廓清困扰和束缚实践发展的思想迷雾,不断推进马克思主义中国化时代化大众化,不断开辟马克思主义发展新境界。前进道路上,我们必须坚持以马克思列宁主义、毛泽东思想、邓小平理论、"三个代表"重要思想、科学发展观、新时代中国特色社会主义思想为指导,坚持解放思想和实事求是有机统一。

【理论探索】 一切社会变迁和政治变革的终极原因,不应当到人们的头脑中,到人们对永恒的真理和正义的日益增进的认识中去寻找,而应当到生产方式和交换方式的变更中去寻找。

——恩格斯

四、必须坚持走中国特色社会主义道路,不断坚持和发展中国特色社会主义

方向决定前途,道路决定命运。我们要把命运掌握在自己手中,就要有志不改、道不变的坚定。改革开放40年来,我们党全部理论和实践的主题是坚持和发展中国特色社会主义。中国特色社会主义道路是当代中国大踏步赶上时代、引领时代发展的康庄大道,必须毫不动摇走下去。前进道路上,我们必须坚持以新时代中国特色社会主义思想和党的十九大精神为指导,增强"四个自信",牢牢把握改革开放的前进方向。

五、必须坚持完善和发展中国特色社会主义制度,不断发挥和增强我国制度优势

制度是关系党和国家事业发展的根本性、全局性、稳定性、长期性问题。我们扭住完善和发展中国特色社会主义制度这个关键,为解放和发展社会生产力、解放和增强社会活力、永葆党和国家生机活力提供了有力保证,为保持社会大局稳定、保证人民安居乐业、保障国家安全提供了有力保证,为放手让一切劳动、知识、技术、管理、资本等要素的活力竞相迸发,让一切创造社会财富的源泉充分涌流不断建立了充满活力的体制机制。

六、必须坚持以发展为第一要务，不断增强我国综合国力

解放和发展社会生产力，增强社会主义国家的综合国力，是社会主义的本质要求和根本任务。只有牢牢扭住经济建设这个中心，毫不动摇坚持发展是硬道理、发展应该是科学发展和高质量发展的战略思想，推动经济社会持续健康发展，才能全面增强我国经济实力、科技实力、国防实力、综合国力，才能为坚持和发展中国特色社会主义、实现中华民族伟大复兴奠定雄厚物质基础。

七、必须坚持扩大开放，不断推动共建人类命运共同体

开放带来进步，封闭必然落后。中国的发展离不开世界，世界的繁荣也需要中国。我们统筹国内国际两个大局，坚持对外开放的基本国策，实行积极主动的开放政策，形成全方位、多层次、宽领域的全面开放新格局，为我国创造了良好国际环境、开拓了广阔发展空间。必须高举和平、发展、合作、共赢的旗帜，恪守维护世界和平、促进共同发展的外交政策宗旨，推动建设相互尊重、公平正义、合作共赢的新型国际关系。

八、必须坚持全面从严治党，不断提高党的创造力、凝聚力、战斗力

打铁必须自身硬。办好中国的事情，关键在党，关键在坚持党要管党、全面从严治党。我们党只有在领导改革开放和社会主义现代化建设伟大社会革命的同时，坚定不移推进党的伟大自我革命，敢于清除一切侵蚀党的健康肌体的病毒，使党不断自我净化、自我完善、自我革新、自我提高，不断增强党的政治领导力、思想引领力、群众组织力、社会号召力，才能确保党始终保持同人民群众的血肉联系。

九、必须坚持辩证唯物主义和历史唯物主义世界观和方法论，正确处理改革发展稳定关系

我国是一个大国，决不能在根本性问题上出现颠覆性错误。我们坚持加强党的领导和尊重人民首创精神相结合，坚持"摸着石头过河"和顶层设计相结合，坚持问题导向和目标导向相统一，坚持试点先行和全面推进相促进，既鼓励大胆试、大胆闯，又坚持实事求是、善作善成，确保了改革开放行稳致远。

【推荐阅读】

1. 风雨砥砺　壮丽史诗——从改革开放40年看中国奇迹，新华社。

2. 共产党宣言。

【思考题】

1. 为什么改革开放40年能够取得令世界瞩目的伟大成就？

2. 在新时代我们讲怎样继续坚持改革开放？

专题四 聚焦三农:乡村振兴的时代意义和宏伟蓝图

小康不小康,关键看老乡。党的十九大提出实施乡村振兴战略,并作为七大战略之一写入党章,亿万农民欢欣鼓舞。

实施乡村振兴战略,是党的十九大作出的重大决策部署,是决胜全面建成小康社会、全面建设社会主义现代化国家的重大历史任务,是新时代“三农”工作的总抓手。

实施乡村振兴战略,就是要坚持农业农村优先发展,按照产业兴旺、生态宜居、乡风文明、治理有效、生活富裕的总要求,建立健全城乡融合发展体制机制和政策体系,加快推进农业农村现代化。

第一节　乡村振兴战略的总要求和具体目标

一、乡村振兴的总要求

党的十九大报告对实施乡村振兴战略提出了二十个字的总要求，即产业兴旺、生态宜居、乡风文明、治理有效、生活富裕。习近平总书记指出，乡村振兴是“五位一体”总体布局、“四个全面”战略布局在“三农”工作的体现。总书记强调，要统筹推进农村经济建设、政治建设、文化建设、社会建设、生态文明建设和党的建设，促进乡村全面发展。总书记的重要论述，深刻阐明了乡村振兴的全面性、整体性、系统性，对做好新时代“三农”工作提出了更高要求。要顺应广大农民群众日益增长的美好生活需要，坚持农业现代化和农村现代化一体设计、一并推进，把工作重心从“一农”拓展到“三农”，既要见物也要见人，从增产增收拓展到全面振兴，以产业兴旺为重点、生态宜居为关键、乡风文明为保障、治理有效为基础、生活富裕为根本，统筹推进乡村各项事业全面均衡发展。

【理论探索】　两个“二十字方针”对比

与党的十六届五中全会提出的“生产发展、生活宽裕、乡风文明、村容整洁、管理民主”二十字社会主义新农村建设总要求。两相对照，从“生产发展”到“产业兴旺”，从“生活宽裕”到“生活富裕”，从“村容整洁”到“生态宜居”，从“管理民主”到“治理有效”，不难看出，在中国特色社会主义进入新时代、“三农”事业得长足发展的新形势下，农业农村发展的战略要求也与时俱进地进行了“升级”，从而更符合广大农民群众日益增长的美好生活需要。

二、实施乡村振兴战略的具体目标

党的十九大提出了分阶段实现“两个一百年”奋斗目标的战略安排。到 2020 年，全面建成小康社会；到 2035 年，基本实现社会主义现代化；到本世纪中叶，把我国建成富强民主文明和谐美丽的社会主义现代化强国。

这是新时代我国社会主义现代化建设的整体战略安排。习近平总书记强调，全面建成小康社会和全面建设社会主义现代化强国，最艰巨最繁重的任务在农村，最广泛最深厚的基础在农村，最大的潜力和后劲也在农村。如果说，在决胜全面小康阶段，我们的重中之重是打赢脱贫攻坚战，消除绝对贫困；那么，在全面建设现代化强国阶段，就要补齐农业农村发展短板，缩小城乡差距。

【拓展阅读】 实施乡村振兴战略三个阶段目标

2018年中央一号文件明确了实施乡村振兴战略的阶段性目标任务,总体上也是分三个阶段。到2020年,乡村振兴取得重要进展,制度框架和政策体系基本形成;到2035年,乡村振兴取得决定性进展,农业农村现代化基本实现;到2050年,乡村全面振兴,农业强、农村美、农民富全面实现。这三个阶段的安排与经济社会发展总体的战略安排是协调契合的。所以,实施乡村振兴战略,不是年度性的工作任务,也不是五年、十年的规划,而是贯穿全面建设社会主义现代化国家全过程的长期历史任务,最终目标是彻底改变千百年来农村贫困落后的面貌,实现农业全面升级、农村全面进步、农民全面发展。

第二节 实施乡村振兴战略的时代意义

实施乡村振兴战略,是以习近平同志为核心的党中央着眼党和国家事业全局,深刻把握现代化建设规律和城乡关系变化特征,顺应亿万农民对美好生活的期待作出的重大决策部署,在我国“三农”发展进程中具有里程碑意义。

一、实施乡村振兴战略立足解决社会主要矛盾,体现了鲜明的问题导向

党的十九大提出,进入新时代,我国社会主要矛盾已经转化为人民日益增长的美好生活需要和不平衡不充分的发展之间的矛盾。而发展不平衡,在城乡表现得最为明显;发展不充分,在乡村表现得最为突出。当前,我国经济社会发展最明显的短板仍然在“三农”,城乡差距大是社会主要矛盾的突出表现。

比如城乡居民收入,1978年到2018年,农民收入从134元增长到14 617元,城镇居民收入从343元增长到39 251元,绝对差距从209元扩大到24 634元,相对差距从2.56∶1扩大到2.69∶1。农村基础设施和公共服务与城市的差距也是越来越大,农村城市仍是两个天地,一些村庄空心化、农村“三留守”问题突出。统计数据显示,2000年时中国有360万个自然村,到2010年,自然村减少到270万个。10年间,每天都有将近300个自然村消失,其中不乏众多古村落。

有人认为,只要城镇化搞好了,农民都进城了,“三农”问题也就解决了。但实际情况是,我国还有近6亿人生活在农村,即便将来城镇化率达到70%以上,农村还会有4亿多人。如果城乡差距进一步扩大,一边是越来越发达的城市,一边是越来越萧条的乡村,那就不能算是实现了中华民族的伟大复兴,也不符合党的十九大报告提出的更好推动人的

全面发展、社会全面进步的要求。实施乡村振兴战略，就是要从根本上解决城乡发展不平衡、乡村发展不充分的问题，更好满足农民群众对美好生活的需要。

二、实施乡村振兴战略立足我国当前的发展阶段，体现了鲜明的机遇意识和历史担当

我国已经到了统筹解决“三农”问题，全面振兴乡村的历史阶段。从农业发展看，改革开放40年来，我国农业现代化取得了长足进步，特别是党的十八大以来，以习近平同志为核心的党中央，加强和改善党对“三农”工作的领导，提出并贯彻新发展理念，推动“三农”工作理论创新、实践创新、制度创新，农业农村发展取得了历史性成就，发生了历史性变革。目前，我国粮食供给总体充裕，肉蛋奶、果菜鱼产量稳居世界第一，“过去是8亿人吃不饱，现在是14亿人吃不完”。农业物质技术装备水平大幅提升，农业科技进步贡献率达到58.3％，主要农作物耕种收综合机械化水平超过67％，现代生产要素和手段已成为农业发展的主要驱动力。农业现代化水平的快速提高，把亿万农民从面朝黄土背朝天的农业生产中解放出来，从过去缺吃少穿的困难生活中解脱出来，追求美好生活、建设美丽家园的愿望更加强烈。

从农村发展看，当前我国农村正面临千年未有之变局。随着工业化、城镇化的快速推进，大量农村青壮年劳动力流向城市，农村的人口结构、就业结构、产业结构、治理结构、村庄布局，乃至人们的生产生活方式，都在发生着深刻的变化。过去的发展方式不适用，原有的治理模式不管用，迫切需要实施乡村振兴战略，提升乡村发展水平，使乡村迈进现代化的轨道。

从经济社会发展看，改革开放以来，我国综合国力显著增强。工业化、城镇化已经到了较高水平，经济保持中高速增长，国内生产总值从54万亿元增长到90.3万亿元，稳居世界第二。有强大的经济实力作支撑，我们现在完全能够加大工业反哺农业、城市支持乡村的力度，有能力加大“三农”投入力度。

从发展的一般趋势来看，当城镇化率超过50％时，传统的农村乡土文化、田园风光、农业景观就会成为稀缺资源，乡村的多种功能价值日趋凸显，化解“大城市病”，满足城市居民对生态环境、生态产品等方面的需要，农村就会成为一部分人返乡旅游、居住和创业的热土，城乡之间的要素就会双向流动，为乡村的生态振兴提供人财物的支撑。城市中一部分收入还比较好，比较有追求的中等收入群体就开始怀念乡愁，怀念乡情，怀念那些河里捉鱼，地里刨瓜，山上放歌的美好时光，农村就会成为一部分人返乡旅游、居住和创业的热土，城乡之间的要素就会双向流动，为乡村振兴提供人财物的支撑。

可以说，实施乡村振兴战略有基础、有条件、有需求。党中央在这个时候提出这项重大战略，充分体现了对国情农情的深刻洞察，对重大历史契机的准确把握，可谓正当其时。

第三节　五大振兴助力乡村振兴

习近平总书记2018年全国两会在参加山东代表团审议时提出“五个振兴”的科学论断，强调实施乡村振兴战略要统筹谋划、科学推进，推动乡村产业振兴、人才振兴、文化振兴、生态振兴、组织振兴。

一、产业振兴：夯实物资基础

乡村振兴，产业兴旺是重点。产业是发展的根基，产业兴旺，农民收入才能稳定增长。习近平总书记指出：“要推动乡村产业振兴，紧紧围绕发展现代农业，围绕农村一二三产业融合发展，构建乡村产业体系，实现产业兴旺，把产业发展落到促进农民增收上来，全力以赴消除农村贫困，推动乡村生活富裕。”乡村产业体系越健全，农民增收渠道就越通畅。要整体谋划农业产业体系，以农业供给侧结构性改革为主线，着眼推进产业链、价值链建设，推动一二三产业融合发展，实现一产强、二产优、三产活，推动农业生产全环节升级，加快形成从田间到餐桌的现代农业全产业链格局，形成一二三产业融合发展的现代农业产业体系。

【新闻速览】　潜江小龙虾趟出的三产融合之路

中国农业部渔业渔政管理局发布的《中国小龙虾产业发展报告(2018)》显示，2017年，全国统计小龙虾养殖总产量为112.97万吨，其中湖北潜江市年产量达70,413在全国第三。小龙虾已成为如今潜江的代名词。

潜江是全国唯一的淡水甲壳素精深加工基地。自1997年起就开始研究甲壳素的加工和销售，打造“世界甲壳素之都”。甲壳素龙头企业华山水产处理10万吨废弃虾壳，年生产甲壳素4 000吨，氨基葡萄糖盐酸盐、高密度壳聚糖、壳寡糖等高附加值产品3 500吨，年产值达20亿元。

据“中国生态龙虾城”的项目推介文件显示，潜江已获1.5亿元投资，用以打造集旅游、美食、科普、户外等主题于一体的综合型生态龙虾旅游示范基地。潜江现有龙虾餐饮店2 000多家，日接纳游客量达2万人。

一是加快发展乡村特色产业。因地制宜发展多样性特色农业，倡导“一村一品”“一县一业”。积极发展果菜茶、食用菌、杂粮杂豆、薯类、中药材、特色养殖、林特花卉苗木等产业。支持建设一批特色农产品优势区。创新发展具有民族和地域特色的乡村手工业，大力挖掘农村能工巧匠，培育一批家庭工场、手工作坊、乡村车间。健全特色农产品质量标准体系，强化农产品地理标志和商标保护，创响一批“土字号”“乡字号”特色产品品牌。

【新闻速览】　崇州道明·竹艺村“一座建筑带火一个网红村”

崇州道明·竹艺村最开始“火”起来是因为一个造型特殊、颜值超高的建筑——竹里。从空中俯瞰，这个建筑外形类似“∞”符号。它位于崇州市道明镇龙黄村9组。张永超告诉成都晚报记者，这座建筑由同济大学建筑与城市规划学院教授袁烽设计，四川中瑞锦业文化旅游有限公司打造。据她介绍，“竹里”一词源自曾任蜀州（今崇州）通判的大诗人陆游词作《太平时》，“‘竹里’这个名字就是取自这首词的头两个字。”

去年3月“竹里”正式修建完成后，这个与天然竹木结合建造、融合当地传统竹编工艺的建筑成了崇州乡村的一个新景点。同时，它凭借独特的设计吸引了国际关注。去年9月，“竹里”受邀参加北美最大建筑盛会之一的芝加哥建筑双年展；去年12月，“竹里”荣登艾特奖2017全球获奖榜单——最佳文化空间设计奖。“本月下旬，‘竹里’将参加威尼斯建筑双年展。”张永超介绍，在这个国际上展示当代艺术的最高展会中，“竹里”将作为乡村振兴的一个范例，以代表中国“建设未来乡村”实践的一个作品亮相。

二是大力发展现代农产品加工业。以“粮头食尾”“农头工尾”为抓手，支持主产区依托县域形成农产品加工产业集群，尽可能把产业链留在县域，改变农村卖原料、城市搞加工的格局。支持发展适合家庭农场和农民合作社经营的农产品初加工，支持县域发展农产品精深加工，建成一批农产品专业村镇和加工强县。统筹农产品产地、集散地、销地批发市场建设，加强农产品物流骨干网络和冷链物流体系建设。培育农业产业化龙头企业和联合体，推进现代农业产业园、农村产业融合发展示范园、农业产业强镇建设。健全农村一二三产业融合发展利益联结机制，让农民更多分享产业增值收益。

三是发展乡村新型服务业。支持供销、邮政、农业服务公司、农民合作社等开展农技推广、土地托管、代耕代种、统防统治、烘干收储等农业生产性服务。充分发挥乡村资源、生态和文化优势，发展适应城乡居民需要的休闲旅游、餐饮民宿、文化体验、健康养生、养老服务等产业。加强乡村旅游基础设施建设，改善卫生、交通、信息、邮政等公共服务设施。

四是实施数字乡村战略。深入推进“互联网+农业”，扩大农业物联网示范应用。推进重要农产品全产业链大数据建设，加强国家数字农业农村系统建设。继续开展电子商务进农村综合示范，实施“互联网+”农产品出村进城工程。全面推进信息进村入户，依托“互联网+”推动公共服务向农村延伸。

五是促进农村劳动力转移就业。落实更加积极的就业政策，加强就业服务和职业技能培训，促进农村劳动力多渠道转移就业和增收。发展壮大县域经济，引导产业有序梯度转移，支持适宜产业向小城镇集聚发展，扶持发展吸纳就业能力强的乡村企业，支持企业在乡村兴办生产车间、就业基地，增加农民就地就近就业岗位。稳定农民工就业，保障工资及时足额发放。加快农业转移人口市民化，推进城镇基本公共服务常住人口全覆盖。

六是支持乡村创新创业。鼓励外出农民工、高校毕业生、退伍军人、城市各类人才返乡下乡创新创业，支持建立多种形式的创业支撑服务平台，完善乡村创新创业支持服务体系。落实好减税降费政策，鼓励地方设立乡村就业创业引导基金，加快解决用地、信贷等困难。加强创新创业孵化平台建设，支持创建一批返乡创业园，支持发展小微企业。

二、人才振兴：确保后继有人

乡村振兴，人才是基石。农村经济社会发展，说到底，关键在人。习近平总书记指出：“乡村振兴，人才是关键。要积极培养本土人才，鼓励外出能人返乡创业，鼓励大学生村官扎根基层，为乡村振兴提供人才保障。”农民是乡村振兴的主力军，要就地培养更多爱农业、懂技术、善经营的新型职业农民。要通过富裕农民、提高农民、扶持农民，让农业经营有效益，让农业成为有奔头的产业，让农民成为体面的职业。要营造良好的创业环境，制定人才、财税等优惠政策，为人才搭建干事创业的平台，吸引各类人才返乡创业，激活农村的创新活力。要注重建立引导和鼓励高校毕业生到基层工作“下得去、留得住、干得好、流得动”的长效机制，让大学生“愿下来，又留得住”。

习近平总书记指出：“要推动乡村人才振兴，把人力资本开发放在首要位置，强化乡村振兴人才支撑，加快培育新型农业经营主体，让愿意留在乡村、建设家乡的人留得安心，让愿意上山下乡、回报乡村的人更有信心，激励各类人才在农村广阔天地大施所能、大展才华、大显身手，打造一支强大的乡村振兴人才队伍，在乡村形成人才、土地、资金、产业汇聚的良性循环。”

【新闻速览】 蒲江明月村吸引100位陶艺家艺术家成为新村民

明月村陆续来了很多新村民，从成都、遂宁、上海、北京……有陶艺家、画家、作家、诗人、美食家、摄影师、建筑师……他们有的是来看朋友的，有的是来考察，缘由不一，却都留了下来。

一百余位陶艺家、艺术家、设计师栖居田园；新村民与原住民互助融合，共创共享幸福美丽新乡村。

宁远，作家、服装设计师

我是第一个入驻明月村的，开办的染布坊对于经济的收入并不重要，最重要的是它会丰富品牌的文化内涵，那是一个体验的地方，并不完全是生产，而是产品的设计、开发。我们在那里开设了固定的课程，让人体验、学习染布，染布的所有材料也都是在明月村种植的。现在我几乎每周都会去，每次去都很舒服，好像回家一样，在自然当中很放松，明月村是真正的自然，一个真正的农村，周围居住的是真正的农民，他们采茶种菜。在明月村，好像被什么东西安慰、抚慰了。

三、文化振兴，提升农村气质

乡村振兴，既要塑形，也要铸魂。没有乡村文化的高度自信，没有乡村文化的繁荣发展，就难以实现乡村振兴的伟大使命。实施乡村振兴战略，要物质文明和精神文明一起抓，既要发展产业、壮大经济，更要激活文化、提振精神，繁荣兴盛农村文化。要把乡村文化振兴贯穿于乡村振兴的各领域、全过程，为乡村振兴提供持续的精神动力。

封建迷信、大操大办等现象在各地农村仍不同程度地存在，一些村庄婚丧陋习、孝道式微等不良社会风气有所蔓延，一些地区农村思想文化阵地不断受到非法宗教、境外势力等冲击。必须适应舆论生态、媒体格局、传播方式的深刻变化，加强农村精神文明建设，大力宣传党的路线方针和强农惠农富农政策，持续推进农村移风易俗，引导农民践行社会主义核心价值观，巩固党在农村的思想阵地。

习近平总书记指出："要推动乡村文化振兴，加强农村思想道德建设和公共文化建设，以社会主义核心价值观为引领，深入挖掘优秀传统农耕文化蕴含的思想观念、人文精神、道德规范，培育挖掘乡土文化人才，弘扬主旋律和社会正气，培育文明乡风、良好家风、淳朴民风，改善农民精神风貌，提高乡村社会文明程度，焕发乡村文明新气象。"

四、生态振兴，刷新农村颜值

乡村振兴，生态宜居是关键。怎样解决农村突出的生态问题，实现人民追求美好生活、建设生态宜居的美丽乡村的愿望。良好生态环境是农村最大优势和宝贵财富。要坚持人与自然和谐共生,走乡村绿色发展之路。要牢固树立和践行绿水青山就是金山银山的理念,落实节约优先、保护优先、自然恢复为主的方针,统筹山水林田湖草系统治理,严守生态保护红线,以绿色发展引领乡村振兴。生态宜居是实施乡村振兴战略的重大任务。要主动加快推动城镇基础设施向农村延伸,通过"绿化""美化""规划"等措施,以优化农村人居环境和完善农村公共基础设施为重点,把乡村建设成为生态宜居、富裕繁荣、和谐发展的美丽家园,让乡亲们都能生活在蓝天白云、青山绿水的舒适环境中。

习近平总书记指出,要推动乡村生态振兴,坚持绿色发展,加强农村突出环境问题综合治理,扎实实施农村人居环境整治三年行动计划,推进农村"厕所革命",完善农村生活设施,打造农民安居乐业的美丽家园,让良好生态成为乡村振兴支撑点。

具体来说,实现乡村生态振兴的路径主要有三个方面:统筹规划制度保障、着力建设美丽家园、大力发展美丽经济,这三项路径的选择立足"绿色发展"的理念,体现了建成绿水青山,再变成金山银山的逻辑关系。

1.统筹规划制度保障

乡村生态振兴,规划先行。各地要以 2018 年中央一号文件、《农村人居环境整治三年行动方案》等文件为指导,制定适合各地的"乡村生态振兴规划"全力推进各地乡村生态振兴。

建立长效监督检查管理制度和机制。针对农村突出的生态环境问题,如:健全耕地、水、森林、草原保护制度,完善化肥、农药等农业投入品减量使用制度,完善秸秆、畜禽粪污等资源化利用制度,建立废旧地膜和包装废弃物等回收处理制度。

在规划和监督管理制度保障的基础上,加强农村突出环境问题综合治理和扎实实施农村人居环境整治三年行动计划,着力建设美丽家园,建成绿水青山。

2.着力建设美丽家园

第一,牢固树立绿色发展理念。通过环保宣传,参观学习等活动将"绿色发展""生态+"理念传授给乡村广大干部和村民,提高生态意识,增长生态知识,提升生态素质,自觉践行绿水青山就是金山银山。

第二,加强农村突出环境问题综合治理。一是着力解决农村生态系统破坏问题,严守耕地、基本农田、水资源和林业生态红线,2020 年,确保建成高标准农田 8 亿亩、力争完成 10 亿亩;强化湿地保护和修复,推进耕地轮作休耕、草原生态保护和退耕还林还草,合理进行农业空间布局。二是着力解决农村资源浪费,环境污染问题,严格控制农业用水总量,减少化肥和农药使用量，畜禽粪便(有机肥料无害化处理)、秸秆(还田、饲料、肥料、能源)、农膜基本资源化利用，实现“一控两减三基本”目标，形成资源有效节约，环境得到保护的空间格局。

第三，改善农村人居环境，推进农村人居环境整治“三大革命”。垃圾治理，到2020年，实现90%以上行政村生活垃圾得到有效处理，40%以上行政村推广生活垃圾分类处理措施。习总书记对垃圾分类做出重要指示，我们看看走在前端的浙江，引进智能平台助力垃圾分类，市民参与就能获得积分换取生活用品，得到实惠。例如，污水治理：“厕所革命”，2020年不同水平的卫生厕所达到85%，修建乡村公共厕所；村容村貌提升主要是修通村组道路，整改泥泞道路。

通过以上措施，使农村的农业空间布局、产业结构、生产生活方式朝着绿色生态的方向发展，使农村的路更宽、天更蓝、水更清、地更绿，建成绿水青山。

【新闻速览】 这些四川的乡村，已经美到堪比景区！

你印象中的农村是什么样子

白云青山外，山脚砖瓦村院斑驳零落

养几只鸡鸭，耕几亩良田

好像一幅单调的山水画

直到看见这些成都的乡村

像是被施了魔法，颜值蹭蹭蹭飙高

简直美出了新高度，请放我回家务农！

……

3. 大力发展美丽经济

一是因地制宜发展生态产业，比如观光农业、循环经济：采取绿色生产方式，发展极具特色的诸如“鱼虾稻共生”“莲虾共生”“鱼桑鸡”等生态循环农业模式。

二是打造生态旅游精品线路，四川有很乡村旅游发展很好的乡村，蒲江明月村，战旗村妈妈农庄，青杠村……

【新闻速览】 四川第十届乡村文化旅游节(夏季)开幕

本报讯(高志农 记者 杨艺茂)6月28日，四川省第十届乡村文化旅游节(夏季)在广元市青川县青溪古镇拉开帷幕。唐家河漂流也于当日开漂。

本届乡村文化旅游节以“大美青川 · 清爽一夏”为主题，除开幕式外，还开展了三国阴平古道乡村旅游环线体验、四川省乡村振兴与乡村文化旅游发展研讨会、省市旅游商品展示展销和特色美食品鉴、第二届青溪古城 · 唐家河漂流音乐节等活动。

三是发展养老养生产业，如攀枝花和西昌的康养旅游。变绿水青山为金山银山，走出一条具有乡村特色的“美丽经济”路径，助推农村的产业转型升级。

【新闻速览】 浙江省长兴县全力推动旅游业大发展、大提升

长兴县各类民宿500余家，床位数近20 000张，成功创建全国农业旅游示范点1个，全国休闲农业和乡村旅游示范点1个，省级休闲农业示范园3个，省级农家乐特色示范村9个，省级特色旅游村10个，省级农家乐特色点4个，省三星级乡村旅游点2个，市级农家乐特色村11个，省五星级农家乐6家，省四星级农家乐14家，省三星级农家乐65家。长兴乡村旅游、农家乐、民宿，在长三角具有较高的知名度，2018年全县接待游客2 700万人次，实现收入275亿元。水口乡村旅游集聚区是长兴乡村旅游发展的重要区域，境内生态优良，特色民宿、农家客栈、采摘体验、禅茶文化为主题的旅游资源构成了独特的乡村度假产品。

浙江长兴的发展经验，是将乡村生态优势转化为发展生态经济优势的成功案例。让老百姓吃上了“生态饭”，让农民鼓起了“钱袋子”，实现了“面子”和“里子”的双丰收。

乡村生态振兴是实施乡村振兴战略链条上的重要一环，是促进乡村产业振兴、人才振兴、文化振兴和组织振兴的关键一步。通过实施乡村生态振兴，真正让13亿人民实现“望得见青山、看得见绿水、记得住乡愁”。

五、组织振兴，保障安定有序

党的力量来自组织，组织能使力量倍增。基层党组织，是实施乡村振兴战略的“主心骨”。农村基层党组织强不强，基层党组织书记行不行，直接关系乡村振兴战略的实施效果好不好。一些基层党组织软弱涣散，干部队伍老化，带动农民共同发展的能力不强、手段不多，组织力、凝聚力下降，有些农村地区被黑恶势力、非法宗教势力渗透，长此以往将严重影响党的群众基础，侵蚀党的执政根基。必须抓实建强农村基层党组织，对软弱涣散的村党组织实行逐个整顿，选优配强村党组织带头人，把派驻第一书记机制化、长效化，强化基层党组织对农村各类组织、各项工作的领导，更好发挥战斗堡垒作用。

习近平总书记指出，要推动乡村组织振兴，打造千千万万个坚强的农村基层党组织，培养千千万万名优秀的农村基层党组织书记，深化村民自治实践，发展农民合作经济组织，建立健全党委领导、政府负责、社会协同、公众参与、法治保障的现代乡村社会治理体制，确保乡村社会充满活力、安定有序。

“上下用心，惟农是务。”新时代，我们要坚决贯彻习近平总书记关于乡村全面振兴的重要指示精神，进一步汇聚推动乡村振兴的合力，以更大的决心、更明确的目标、更有力的举措，推动农业全面升级、农村全面进步、农民全面发展，谱写新时代乡村全面振兴新篇章。

【新闻速览】　战旗村党建工作　7个“满覆盖”一强五引领

截至2018年12月，战旗村创建国家AAAA景区通过初检，村集体资产、村集体收入和村民人均收入，分别从2017年的4 600万元、460万元、2.6万元增长至5 700万元（涨幅24%）、780万元（涨幅70%）、3.1万元（涨幅20%）。先后荣获“全国社会主义精神文明单位”“全国文明村”“中国美丽休闲乡村”“全国科技示范村”“省级四好村”“四川集体经济十强村”“四川十佳生活富裕村”和省、市“新农村建设示范村”等称号。

2018年2月12日，习近平总书记视察战旗村，用“战旗飘飘，名副其实”充分肯定了战旗村的发展成果，并殷切嘱托要“走在前列，起好示范”。战旗村能取得系列阶段性成绩并得到总书记的肯定，与战旗村始终抓住“党建引领”这个关键密不可分。战旗村7个“满覆盖”党建工作法，形成了“建强战斗堡垒，引领改革兴村，引领生态宜居，引领产业富民，引领乡风文明，引领服务便民”的“一强五引领”的格局。

第四节 实施乡村振兴战略的重点任务

今明两年是全面建成小康社会的决胜期,是打赢脱贫攻坚战和实施乡村振兴战略的交汇期,“三农”工作有许多必须完成的硬任务,2019 年中央一号文件对此作出了全面部署。立足当前,着眼长远,实施乡村振兴战略需要抓好以下重点任务。

一、坚决打赢脱贫攻坚战

脱贫攻坚是全面建成小康社会的重中之重、急中之急,是实施乡村振兴战略的优先任务。党的十八大以来,习近平总书记对扶贫工作高度重视,亲自部署、亲自挂帅、亲自出征,全党全社会共同努力、尽锐出战,脱贫攻坚取得重大决定性成就。6 年间,现行标准下的农村贫困人口累计减少 8 000 多万人,贫困发生率下降到 1.7%。今明两年是脱贫攻坚的收官之战,要重点做好三方面工作。一方面,要主攻深度贫困地区。目前,尚未脱贫的 1 660 万农村贫困人口,大多身处深度贫困地区。除“三区三州”外,像甘肃定西、贵州毕节、陕西安康、云南昭通和广西河池、百色等地,贫困发生率高、贫困程度深、自然条件较差、公共服务发展滞后,也需要进一步集中力量加大扶持力度,采取超常规措施,确保这些地区如期完成脱贫攻坚任务,达到“两不愁、三保障”的目标。另一方面,要巩固脱贫攻坚成果,防止返贫。刚刚脱贫的农户,还有收入水平略高于建档立卡贫困户的群体,遇到经济波动、自然灾害、家庭变故,很有可能会返贫。必须防止出现较大面积返贫现象。要突出抓好产业、就业扶贫,让贫困农户有稳定增收发展门路,提高脱贫质量。同时,做好脱贫攻坚与乡村振兴的有效衔接,健全稳定脱贫长效机制,增强贫困地区、贫困群众内生动力和自我发展能力。

二、确保国家粮食安全

抓好粮食生产,确保国家粮食安全,是实施乡村振兴战略的首要任务。习近平总书记一再强调,对我们这样一个有近 14 亿人口的大国,手中有粮,心中不慌,任何时候都是真理;中国人的饭碗必须牢牢端在自己手上,我们的饭碗应该主要装中国粮。当前,我国经济下行压力加大,外部环境复杂严峻。越是在这种情况下,越是要稳住粮食生产,守住“三农”这个战略后院,发挥好“三农”压舱石的作用。如果粮食和重要农产品供给出了问题,不仅会带来物价上涨,使经济运行陷入增长下行和物价上行“双碰头”的被动局面,而且会影响人民生活和社会稳定。虽然当前粮食供给比较充裕,但也要看到,我国粮食生产能力基础并不稳固，粮食需求仍处在上升通道。这两年玉米库存消化较快，供求关系在发生变化，现在库里压得比较多的是稻谷，而且主要是粳稻，粮食并不是多得不得了，粮食生产也并不是完全过关了。不能因为当前粮食供给总量比较充裕，就产生放松情绪和忽视粮食生产的倾向。必须从战略上看待和把握粮食安全问题，全面实施好藏粮于地、藏粮于技战略，确保谷物基本自给、口粮绝对安全。要毫不放松抓好粮食生产，确保粮食播种面积稳定在16.5亿亩，保持产量稳定。全面落实好稳定粮食生产的各项政策措施，充分调动主产区和种粮农民两个积极性。还要统筹利用好国际国内两个市场、两种资源，建立多元化的进口渠道，提高粮食安全保障能力。同时，要深化农业供给侧结构性改革，调整优化农业结构，大力发展紧缺和绿色优质农产品生产，推进农业由增产导向转向提质导向。

【拓展阅读】 划重点！2019年中央一号文件中的硬任务怎么干

党的十九大提出实施乡村振兴战略一年多来，各地各部门贯彻落实中央决策部署，完善领导体制和工作机制，出台专项规划，实施重大工程，开展试点示范，实施乡村振兴战略呈现良好开局。2018年，全国粮食总产量达到13 158亿斤，连续7年稳定在1.2万亿斤以上；农民人均可支配收入达到14 617元，增速连续9年超过城镇居民收入；全年减少贫困人口1 386万人，预计有280个左右贫困县脱贫摘帽；农村人居环境整治三年行动启动实施，农村基础设施建设和社会事业发展取得新进展，党的建设不断加强，农村社会保持稳定，农民的幸福感获得感安全感进一步增强。

改革开放之初，实行家庭联产承包责任制，理顺了农民和集体的关系，放活了农民生产经营自主权，带动农产品自由流通、农村劳动力自由流动，率先打破计划经济体制，开启了市场经济发展的先河。新世纪之初，推进农村税费改革，取消了延续2600多年的"皇粮国税"，理顺了农民与国家的关系，改善了农村党群干群关系，实现了对农民从"取"到"予"的历史性转变，为农村全面建成小康社会提供了制度保障。进入新时代，中央提出实施乡村振兴战略，重塑工农城乡关系，推动城乡融合发展，实现农业农村现代化，必将成为推动社会主义现代化国家建设和中华民族伟大复兴的重大举措。

【推荐阅读】

1. 重塑工农城乡关系，推进乡村全面振兴

2. 从农村改革四十年看乡村振兴战略的提出

3. “美丽四川·宜居乡村”推进方案（2018—2020年）

【思考题】

1. 40年前，我们通过农村改革拉开了改革开放大幕。40年来我国农村发生了哪些巨变？

2. 四川农业大省这块金字招牌如何在乡村振兴战略中擦亮？

3. 乡村振兴战略中你的家乡是怎样规划的？实施一年多来取得了哪些成绩？在乡村振兴中你能为家乡做些什么？

专题五 教育强国 新时代的教育改革

建设教育强国是中华民族伟大复兴的基础工程，必须把教育事业放在优先位置，加快教育现代化，办好人民满意的教育。要加快一流大学和一流学科建设，实现高等教育内涵式发展。

——2017 年 10 月 18 日，习近平总书记在中国共产党第十九次全国代表大会上的报告

教育兴则国家兴，教育强则国家强。高等教育是一个国家发展水平和发展潜力的重要标志。今天，党和国家事业发展对高等教育的需要，对科学知识和优秀人才的需要，比以往任何时候都更为迫切。

——2018 年 5 月 2 日，习近平总书记在北京大学师生座谈会上的讲话

新时代新形势，改革开放和社会主义现代化建设、促进人的全面发展和社会全面进步对教育和学习提出了新的更高的要求。我们要抓住机遇、超前布局，以更高远的历史站位、更宽广的国际视野、更深邃的战略眼光，对加快推进教育现代化、建设教育强国作出总体部署和战略设计，坚持把优先发展教育事业作为推动党和国家各项事业发展的重要先手棋，不断使教育同党和国家事业发展要求相适应、同人民群众期待相契合、同我国综合国力和国际地位相匹配。

——2018 年 9 月 10 日，习近平总书记在全国教育大会上的讲话

党的十八大以来，习近平总书记围绕教育的改革和发展发表了一系列重要讲话，形成了系统的新时代中国特色社会主义教育思想，为推进新时代教育改革发展提供了强大思想武器和行动指南。

第一节　新时代教育发展的指导思想

2018年教师节当天全国教育大会在北京召开，习近平总书记在会上发表了重要讲话。这是中国特色社会主义进入新时代以来的第一次教育大会，它开启了习近平新时代中国特色社会主义思想在教育领域的新思想、新作为、新篇章，对今后我国的教育发展具有重要的指导意义。习近平总书记对我国教育的全面论述可以概括为以下六大方面。

一、教育是国之大计、党之大计

习近平总书记在讲话中首先强调教育对新时代坚持和发展中国特色社会主义的战略意义。他指出，教育是民族振兴、社会进步的重要基石，是功在当代、利在千秋的德政工程，对提高人民综合素质、促进人的全面发展、增强中华民族创新创造能力、实现中华民族的伟大复兴具有决定性意义，是国之大计、党之大计。第一次把教育提到如此高度，突出党和国家对教育的重视和担当，实现党对教育的全面领导，为强国培养人才。习近平总书记强调，要把教育放在优先发展的地位，加快教育现代化，建设教育强国，办人民满意的教育。

二、教育改革的新理念新思想新观念

习近平总书记继承了毛泽东、邓小平教育思想，总结了我国教育改革的新经验，提出了我国教育改革发展一系列新理念新思想新观念。可以概括为“九个坚持”，即坚持党对教育事业的全面领导，坚持把立德树人作为根本任务，坚持优先发展教育事业，坚持社会主义办学方向，坚持扎根中国大地办教育，坚持以人民为中心发展教育，坚持深化教育改革创新，坚持把服务中华民族伟大复兴作为教育的重要使命，坚持把教师队伍建设作为基础工作。

三、培养什么人是教育的根本

习近平总书记指出，我国是中国共产党领导的社会主义国家，这就决定了我们的教育必须把培养社会主义建设者和接班人作为根本任务。社会主义教育要培养德智体美劳全

面发展的社会主义建设者和接班人，他还阐述了德智体美劳全面发展教育方针的内涵和要求。对教育方针有了新的提法，加上了劳动教育这一项。培养社会主义建设者和接班人，第一，要坚持正确的政治方向，加强理想教育；第二，要加强学生的品德教育；第三，习近平总书记要求学生在增长知识见识上下功夫；第四，习近平总书记提出要树立“健康第一”的教育理念，要求开齐开足体育课，让学生享受体育锻炼的乐趣，增强体质，健全人格，锤炼意志；第五，习近平总书记提出，要加强学校美育，以美育人、以文化人，提高学生审美和人文素养；第六，习近平总书记这次特别提到劳动教育，要求在学生中弘扬劳动精神，引导学生崇尚劳动、尊重劳动，长大后能够辛勤劳动、诚实劳动、创造性劳动。

【新闻速览】　全国政协委员莫荣：应加强劳动者职业精神教育培训

新华社北京3月7日电“我们对苏州800家企业进行问卷调查，发现企业最看重的劳动者素质中，前三位都是职业精神。”全国政协委员、中国劳动和社会保障科学研究院副院长莫荣说，当前劳动者最缺乏的并非知识、技能，而是包括“职业道德”“工匠精神”等在内的职业精神。

四、加强教师队伍建设

习近平总书记十分重视教师队伍的建设。他强调：“建设社会主义现代化强国，对教师队伍建设提出新的更高要求，也对全党全社会尊师重教提出新的更高要求。”他在讲话的开头就说：“教师是人类灵魂的工程师，是人类文明的传承者，承载着传播知识、传播思想、传播真理、塑造灵魂、塑造生命、塑造新人的时代使命。”习近平总书记要求教师要认识到，教师无上光荣，每个教师都要珍惜这份光荣，爱惜这份职业，严格要求自己，不断完善自己。做老师要执着于教书育人，有热爱教育的定力、淡泊名利的坚守。

【新闻速览】　乡村教师陶凤英：大山里35年的坚守

陶凤英是广西金秀瑶族自治县忠良乡山界教学点的老师。20世纪80年代，作为为数不多的高中毕业生，陶凤英回到家乡当上了乡村教师。那时，当地学生辍学严重。深知知识重要的陶凤英，挨家挨户做家长们的思想工作。为了让家长们放心，陶凤英向乡亲们承诺：“把娃给我，我会把他们教好！”就这样，她把一个个适龄孩子带进了学校。

35年来，陶凤英先后在大山里的9个教学点工作过，离家最远的教学点要走3个小时的山路。在这些教学点，她既是老师，又是炊事员和保姆。尽管条件艰苦，为了大山里的孩子们，陶凤英始终选择坚守。

陶凤英的坚守，让许许多多的孩子走出了大山，也赢得了广泛的赞誉。2019年5月，陶凤英登上了“中国好人榜”。

回望这35年，陶凤英说，她无怨无悔。她始终没有忘记当初向乡亲们许下的诺言，没有忘记自己那片教书育人的初心。

（资料来源：新华网）

五、深化教育体制改革

习近平总书记深刻指出，全面深化改革是党和国家事业发展的全局性的重大战略部署。他强调要深化教育体制改革，健全立德树人落实机制。他特别提到要扭转不科学的教育评价导向，坚决克服唯分数、唯升学、唯文凭、唯论文、唯帽子的痼疾，从根本上解决教育评价指挥棒的问题。这就点出了当前教育弊端的根源，指明了走出困境的方向。全社会都要转变观念，树立正确的教育观、人才观、学生观、质量观，改革考试评价制度，使评价制度促进学生的全面发展。习近平总书记提出，要深化办学体制和教育管理改革，充分激发教育事业发展生机活力。要提升教育服务经济社会发展能力，调整优化高校区域布局、学科结构、专业设置，建立健全学科专业动态调整机制，加快一流大学和一流学科建设，推进产学研协同创新，积极投身实施创新驱动发展战略，着重培养创新型、复合型、应用型人才，扩大教育开放。高等学校要办成一流大学和一流学科，关键要选好发展的重点，扬长避短，办出特色。有特色才有一流。要建设一支教师队伍，由学科带头人引领团队，始终站在学科发展的前沿，合作攻坚，不断创新。同时能够培养出高质量、有创新精神和奉献精神的人才。

【新闻速览】 文华学院：以个性化教育培养创新型实践人才

早上七点进入实验室，晚上十一点返回宿舍，三个月的训练，四天三夜的竞赛，文华学院2016级电子信息工程专业姜子强及团队在“全国大学生电子设计竞赛”中荣获湖北省一等奖。除了团队成员自身的努力，他们的成绩也离不开文华学院个性化教育。

文华学院位于湖北武汉，这个学院以学生的个性化培养为方针，充分挖掘学生潜能，提出构建“第一、二课堂”互动融合、协同育人体系。“第一课堂”指课堂教学，即传统课堂上知识的传授和接收，“第二课堂”则着眼于发掘学生个人的创新能力和潜力。

（资料来源：人民网）

六、办好教育是全社会的责任

习近平总书记指出，办好教育事业，家庭、学校、政府、社会都有责任。习近平总书记特别强调家庭教育的重要性，指出家庭是人生第一所学校，家长是孩子的第一任老师，要给孩子讲好“人生第一课”，帮助扣好人生第一粒扣子。习近平总书记强调，全社会都要负起青少年成长成才的责任。各级党委和政府要为学校办学安全托底，解决学校后顾之忧，维护老师和学校应有的尊严，保护学生生命安全。

习近平总书记在教育大会上的讲话，从教育的本质到培养人才的途径，全面而深刻，具有时代性、前瞻性、全局性、战略性，是新时代教育改革和发展的指导思想。

第二节　新时代背景下的“教育现代化”

1983年，邓小平同志首先提出“教育要面向现代化，面向世界，面向未来”。由此开始，教育现代化成为中国公共政策话语，并成为我国教育改革发展中的价值追求。改革开放以来，党和国家高度重视教育在推进现代化进程中的作用，先后颁布《中共中央关于教育体制改革的决定》《国家中长期教育改革和发展规划纲要（2010—2020年）》《国家教育事业发展“十三五”规划》等政策文件，有力引导并推动我国教育在不同历史时期、不同发展阶段均实现持续的跨越式发展。党的十九大作出了优先发展教育事业、加快教育现代化、建设教育强国的战略部署。2019年2月23日，党中央、国务院印发了《中国教育现代化2035》，这标志着我国教育现代化进入一个新阶段、一个更高的新的历史起点。《中国教育现代化2035》分为战略背景、总体思路、战略任务、实施路径、保障措施五个部分。总体目标分为相互衔接递进的两大层次。首先，《中国教育现代化2035》紧紧围绕统筹推进“五位一体”总体布局和协调推进“四个全面”战略布局，要求2020年确保“十三五”规划各项发展目标全面实现，全面建成小康社会顺利收官。预计届时我国的“教育总体实力和国际影响力显著增强，劳动年龄人口平均受教育年限明显增加，教育现代化取得重要进展，为全面建成小康社会作出重要贡献”。在此基础上，再经过15年努力，到2035年，总体实现教育现代化，迈入教育强国行列，推动我国成为学习大国、人力资源强国和人才强国，为到本世纪中叶建成富强民主文明和谐美丽的社会主义现代化强国奠定坚实基础。

教育现代化同社会现代化紧密联系，与社会现代化同频共振的，教育现代化的过程是面向未来的、不断进步的、日趋公平的、质量持续提高的，是在不断适应和更好地服务于社会主义现代化建设的过程中逐步完善与实现的。《中国教育现代化 2035》体现出新时代教育的发展走向。

【链接】 “五位一体”“四个全面”

“五位一体”是十八大报告的“新提法”之一，指经济建设、政治建设、文化建设、社会建设、生态文明建设——着眼于全面建成小康社会、实现社会主义现代化和中华民族伟大复兴。“四个全面”战略布局，即“全面建成小康社会、全面深化改革、全面依法治国、全面从严治党”，是党中央治国理政的总方略。

一、坚定的政治意愿和强有力的政府领导

“教育兴则国家兴，教育强则国家强。”当今世界正处于大发展大变革大调整时期，世界多极化、经济全球化、社会信息化、文化多样化深入发展，挑战与机遇并存。中国特色社会主义进入新时代，要把我国建成富强民主文明和谐美丽的社会主义现代化强国，满足人民美好生活需要，实现中华民族伟大复兴的中国梦，归根到底靠人才、靠教育，必须加快推进教育现代化，把我国建设成为教育强国。《中国教育现代化 2035》特别强调“坚持优先发展”的基本原则：“把优先发展教育事业作为推动党和国家各项事业发展的重要先手棋，牢固树立抓教育就是抓发展、谋教育就是谋未来的理念，在组织领导、发展规划、资源保障上把教育事业摆在优先发展地位，将教育发展同国家发展的现实需求和民族振兴的长远目标紧密结合，把教育投入作为重点投入，在国家现代化全局中超前规划、优先发展教育。”

二、优质公平的国民教育体系

当下，中国教育面临的挑战已从解决“有学上”的问题转化为了如何“上好学”的问题，正如十九大报告所言：中国已经进入新时代，社会主要矛盾已经转化为人民日益增长的美好生活需要和不平衡不充分的发展之间的矛盾。因此，这一阶段中国教育中的公平和质量问题交织在一起。此次颁布的《中国教育现代化 2035》中就明确提出“进入新时代，中国社会主要矛盾发生关系全局的历史性变化。城镇化和农业农村现代化水平将显著提高，国民财富将快速增长，中等收入群体比例明显提高，人口结构持续变化，人民群众对教育的需求更为多样，必须顺应人民群众的期盼，加快发展更高质量、更加公平、更具个性的教育，促进社会公平正义与和谐进步”，特别对当前中国教育中存在的发展不平衡不充分的问题进行了深入讨论。《中国教育现代化2035》特别强调“面向人人”的基本发展理念，“坚持有教无类，保障每个人平等受教育权利，努力提供公平、优质、包容的教育，使教育选择更多样、成长道路更宽广，让教育改革发展成果更多更公平惠及全体人民，让人人都有人生出彩的机会”。同样，特别强调终身学习的价值，要“实现各级各类教育纵向衔接、横向沟通，基础教育、职业教育、高等教育和继续教育协调发展，学历教育和非学历教育、职前教育和职后教育、线上教育和线下学习相融合，学校教育与社会教育、家庭教育密切配合、良性互动，形成网络化、数字化、个性化、终身化的教育体系……建成人人皆学、处处能学、时时可学的学习型社会。”“将学有所教与终身受益作为衡量教育发展的重要标准。加快建成伴随每个人一生的教育，努力为每个人在人生不同阶段提供丰富多样的学习机会、开放优质的教育资源、灵活便捷的学习方式、绿色友好的学习环境，让学习成为生活习惯和生活方式。”

三、开放平等互促的国际教育交流与合作

事实上，随着中国近年来社会经济的快速发展，中国积极推动与不同国家的平等交流与合作，既包括人员交流，也包括联合研究项目、学历互认等活动。正如《中国教育现代化2035》所言：“全面深化教育国际交流合作，完善学校、师生与国外双向交流合作机制，鼓励更多学校与海外优质学校建立伙伴关系……推动我国同其他国家学历学位互认、标准互通、经验互鉴。”再如“扎实推进‘一带一路’教育行动，加快培养非通用语种、涉外法律等‘一带一路’建设急需人才，积极稳妥推动职业学校、高等学校与企业共同走出去，共建一批人才培养、科技创新和人文交流基地。建设‘一带一路’教育资源信息服务综合平台，推进教育政策和标准互通、教育资源互通互联。”同时，《中国教育现代化2035》鼓励各级各类教育“增长知识见识，注重培养学生自主学习意识和良好行为习惯，激励学生敏于求知、勤于学习、敢于创新、勇于实践、自觉促进终身学习与可持续发展能力的提升，成为具有中国情怀和全球视野的人才”。中国必须心怀天下，积极推进人类命运共同体建设。这种建立在民族文化身份认同基础之上的国际理解教育思想，相信对于世界上大部分的国家，特别是有着类似被殖民历史的发展中国家，有着更为积极的建设价值。

【新闻速览】　四川推进教育现代化工程　让民族地区学子搭上教育“快车”

新华社成都2月2日电　读三年级的藏族学生秦玉亮每周最期盼的是计算机课，对

家中没有电脑的他来说，课堂上学到的电脑画图特别有趣。秦玉亮就读的阿坝藏族羌族自治州九寨沟县白河乡中心小学位于海拔1500多米的山坳里，是阿坝州一个较为偏远的教学点。

第三节　开启新时代高等职业教育改革大幕

一、《国家职业教育改革实施方案》的主要内容

2019年2月13日，国务院正式印发《国家职业教育改革实施方案》(以下简称《方案》)。这份改革实施方案针对一些多年来未解决的困扰甚至阻碍职业教育发展的关键性、核心性问题，提出了一系列突破性的解决方案，具有划时代和里程碑意义，被职教同仁们亲切地称为“职教20条”。《方案》作为贯彻落实全国教育大会精神的文件，与《中国教育现代化2035》和《加快推进教育现代化实施方案》等明确的目标是相衔接的，既立足当前，又着眼长远，确保如期完成历史交汇期各项既定任务。《方案》的具体指标是到2022年，职业院校教学条件基本达标，一大批普通本科高等学校向应用型转变，建设50所高水平高等职业学校和150个骨干专业(群)。建成覆盖大部分行业领域、具有国际先进水平的中国职业教育标准体系。企业参与职业教育的积极性有较大提升，培育数以万计的产教融合型企业，打造一批优秀职业教育培训评价组织，推动建设300个具有辐射引领作用的高水平专业化产教融合实训基地。职业院校实践性教学课时原则上占总课时一半以上，顶岗实习时间一般为6个月。“双师型”教师(同时具备理论教学和实践教学能力的教师)占专业课教师总数超过一半，分专业建设一批国家级职业教育教师教学创新团队。从2019年开始，在职业院校、应用型本科高校启动“学历证书＋若干职业技能等级证书”制度试点工作。

《方案》把奋力办好新时代职业教育的决策部署细化为若干具体行动，提出了7个方面20项政策措施。这7个方面是：一是完善现代职业教育体系。完善学历教育与培训并重的现代职业教育体系，源源不断为各行各业培养亿万高素质的产业生力军。二是健全国家职业教育制度框架。启动1＋X证书制度试点工作，培养复合型技术技能人才。三是促进产教融合校企“双元”育人机制，狠抓教师、教材、教法改革，打一场职业教育提质升级攻坚战。四是建设多元办学格局，着力激发企业参与和举办职业教育的内生动力。五是要完善技术技能人才激励和保障政策,落实提高技术技能人才待遇的相关政策,健全经费投入机制。六是加强职业教育办学质量督导评价,建立职业教育质量评价体系,支持组建国家职业教育指导咨询委员会。七是做好改革组织实施工作,加强党对职业教育工作的全面领导,建立国务院职业教育工作联席会议制度。

二、《国家职业教育改革实施方案》带来的突破

《方案》勾勒了我国职业教育改革发展的新蓝图,为新时代职业教育的改革发展按下了“快进键”。《方案》的落实将为职业教育带来六大突破:

一是职业教育地位有重大突破。《方案》明确提出,职业教育与普通教育是两种不同的教育类型,具有同等重要地位,把职业教育的重要性提高到“没有职业教育的现代化就没有教育现代化”的地位。从制度层面对职业教育类型进行了清晰定位,一方面有助于职业院校按照自身的“职业特质”办学,为提升办学质量、探索职教本源提供动力,另一方面则重构社会各界对职业教育的认识,提升职业教育的地位和影响力。教育部公布的2018年全国教育事业发展基本情况数据显示:全国目前有2 663所高校,其中高职(专科)院校1 418所,占普通高校总数的53.25%;在校生1 133.7万人,占高等教育的40.5%。从这组数据可以看出,职业教育发展规模已经和普通教育不相上下,成为了学子圆梦大学、实现人生价值的重要选择。另一方面,随着我国经济社会的快速发展,大批综合素质高、动手能力强的技术技能人才处于供不应求的状态,而职业院校正是培养此类人才,助推经济转型、产业升级的重要基地。2019年3月5日,国务院总理李克强在《政府工作报告》中明确提出“改革完善高职院校考试招生办法,鼓励更多应届高中毕业生和退役军人、下岗职工、农民工等报考,今年大规模扩招100万人。”这一工作部署再次明晰了我国高等职业教育发展的着力点,彰显了新时期高等职业教育的重要地位。

【新闻速览】 教育部:今年高职扩招100万将实现高等教育普及化

中新网5月8日电 教育部8日举行新闻发布会,教育部职业教育与成人教育司司长王继平介绍了《高职扩招专项工作实施方案》有关情况,王继平表示,2018年,我国高校招生790.99万人,毛入学率已达到48.1%。2019年毛入学率将超过50%,实现高等教育普及化。今年高职扩招100万人,成为高等教育普及化的“临门一脚”,直接推动我国高等教育迈入普及化阶段。

二是职业教育国家标准有重大突破。近年来，教育部联合行业企业先后发布了一系列职业教育标准，对于提升教育质量发挥了积极作用。"职教 20 条"提出，要"构建职业教育国家标准""持续更新并推进专业目录、专业教学标准、课程标准、顶岗实习标准、实训条件建设标准(仪器设备配备规范)建设和在职业院校落地实施"。这意味着我国职业教育将全面进入"国家标准"时代，职业教育质量将得到极大提升。

三是"双师型"师资队伍有重大突破。"双师型"师资队伍是职业教育质量的根本保证。据统计，目前我国中职学校"双师型"教师占比达到 31.5%，高职院校"双师型"教师占比达到 39.7%。但总体而言，真正具备"双师素质"的教师还不够充足。"职教 20 条"提出："从 2019 年起，职业院校、应用型本科高校相关专业教师原则上从具有 3 年以上企业工作经历并具有高职以上学历的人员中公开招聘，特殊高技能人才(含具有高级工以上职业资格人员)可适当放宽学历要求，2020 年起基本不再从应届毕业生中招聘"。这意味着以往职业学校在"黑板上种田"的时代将彻底终结，实践课教师短缺的局面将逐渐破解，职业教育将开启真正的"双师型"师资时代。

四是校企合作有重大突破。多年来，我国职业教育校企合作"校热企冷"的问题一直没有得到根治，合作效果始终不尽如人意。"职教 20 条"提出："在开展国家产教融合建设试点基础上，建立产教融合型企业认证制度，对进入目录的产教融合型企业给予'金融+财政+土地+信用'的组合式激励，并按规定落实相关税收政策"。这意味着多年来我国职业院校"投亲靠友"寻找合作企业的时代将逐步终结，"校热企冷"的局面将逐渐被打破，多年困扰职业院校的"非制度性"校企合作状态将逐渐破冰。

五是毕业生待遇有重大突破。初高中生升学选择院校类型和专业，一个重要依据是毕业后能够有较丰厚的收入和较高的社会地位。20 世纪 80 年代，之所以有许多高中毕业生争相报考中等职业学校，原因在于考上中等职业学校就成为"国家干部"，农村户口的学生可以转为城镇户口。近年来，尽管职业院校毕业生就业情况良好，但由于所从事的职业与许多普通高校毕业生相比待遇不高，且工作环境不理想，社会地位也不高，因此，职业院校吸引力不足，已成为不争的事实。"职教 20 条"提出：要"提高技术技能人才待遇水平""鼓励企业职务职级晋升和工资分配向关键岗位、生产一线岗位和紧缺急需的高层次、高技能人才倾斜""积极推动职业院校毕业生在落户、就业、参加机关事业单位招聘、职称评审、职级晋升等方面与普通高校毕业生享受同等待遇。逐步提高技术技能人才特别是技术工人收入水平和地位。机关和企事业单位招用人员不得歧视职业院校毕业生"。这意味着职业教育的吸引力将逐步增强。

六是"一专多能"有重大突破。提倡"一专多能",还是提倡"专业化",是世界各国职业教育都面临的艰难选择。不过,从人的全面发展或者解决结构性就业矛盾的层面来说,"一专多能"无疑是职业教育的理想选择。近年来,无论是国家层面,还是地方乃至职业学校层面,为缓解结构性就业压力,都在提倡和推动职业学校学生考取职业资格证书,但缺乏国家层面的制度安排。"职教20条"提出:将"启动1+X证书制度试点工作""鼓励职业院校学生在获得学历证书的同时,积极取得多类职业技能等级证书,拓展就业创业本领,缓解结构性就业矛盾"。这意味着在1+X制度框架下,职业院校学生的综合素质将得到极大提升,全面发展的"一专多能"时代即将来临,结构性就业矛盾将逐步得到缓解。

【新闻速览】　"1+X"证书制度试点方案发布　职业教育正式进入社会化"考证时代"

央广网北京4月17日消息　据中国之声《新闻纵横》报道,继《国家职业教育改革实施方案》也就是"职教二十条"发布后,昨天(16日),教育部再次发布《关于在院校实施"学历证书+若干职业技能等级证书"制度试点方案》(以下简称《试点方案》),也就是"1+X"证书制度,"1"为学历证书,"X"为若干职业技能等级证书。

《试点方案》透露,从今年起,我国将重点围绕信息与通信技术、物流管理、老年服务与管理等十大领域试水"1+X"证书制度,而且,这项制度不仅针对学生,社会人员也可参与。这也意味着,职业教育正式进入社会化"考证时代"。

【新闻速览】　助推区域经济"不走寻常路"——山东日照职业教育主动创新作为服务地方产业升级

最近,山东日照五莲县政府赴上海参加"双招双引"推介会,与上海的企业签订协议。在参会人员中,除了县委书记马维强外,还有日照市科技中等专业学校校长李世昌。企业很感兴趣,跟李世昌探讨"双招双引"后当地的人才支撑需求。

招商引资带上职业学校不多见。这恰好是日照职业院校主动创新作为、助推区域经济"不走寻常路",跟地方政府良好互动的一个缩影。

三、"双高计划"引领职业教育发展变革

《方案》指出到2022年要建设50所高水平高等职业学校和150个骨干专业(群)。中国特色高水平高职学校和专业建设计划("双高计划"),是继高职示范校(骨干校)项目之

后，面对以人工智能、互联网+、大数据为主的新经济、新技术、新业态的新一轮产业革命挑战下的中国高等职业教育的重要战略部署，对于引领职业教育发展变革具有重要的历史和战略意义。

1."双高计划"引领职业院校人才培养理念和模式变革

"双高计划"建设的核心是专业群建设。专业是人才培养的基本单位。新一轮产业革命的到来，使企业生产模式、组织形式和人才需求正在发生剧烈的变化，在以智能制造为主的新技术新经济的背景下，生产过程去分工化、人才结构去分层化、技能操作高端化、生产方式研究化、服务与生产一体化成为工作模式的根本性特征。面对技术和职业的快速更新和更迭，中国特色高水平高职学校应在不断提升社会服务能力的同时，树立以学生为中心的理念，关注学生职业素养、通识能力和可持续学习能力的培养，为学生分类可持续的职业发展提供可能。同时，中国特色高水平高职学校还需要破除内部壁垒，构建基于专业群的专业动态调整机制，打造院系合作、专业融合的学习型组织，践行专业群平台与特色化发展的理念，打造学生个性发展与分流分层的人才培养模式。

2."双高计划"引领职业院校现代治理能力提升

"产教融合、校企合作"是国家职业教育改革发展的基本战略。随着经济社会发展转型，技术结构不断升级，产业结构不断变化，社会就业结构和职业教育的供给结构也不断变革。我国以学校为主的职业教育体系，决定了产教融合、校企合作质量对职业教育标准构建起着决定性作用。这需要中国特色高水平高职学校不断创新深化产教融合、校企合作，吸引社会力量多种形式举办和参与职业院校办学，积极打造学校与社会、科研生产与教学、内部资源与外部资源互为交融的开放式无边界组织模式，不断优化和完善治理结构和机制，加强院校自身能力建设，推动企业高水平参与，实现企业参与职业教育和企业自身利益同频共振，推动形成校企命运共同体。

3."双高计划"引领职业教育国际化进程

从职业教育国际化的模式看，无论是德国的双元制，还是北美的CBE模式、澳大利亚的TAFE模式，都是在支持本国经济社会发展的过程中，逐步形成理论化、系统化、标准化的职业教育特色模式，伴随其产业变迁与转移进程，推动职业教育的国际化进程。经过多年的发展，我国以产教融合、校企合作、工学结合、知行合一为主要理念的中国特色职业教育模式业已形成，一批具有国际水平的职业院校在服务区域经济发展中扮演着重要角色。这需要中国特色高水平高职学校，在创新实践过程中，积极推进中国特色职业教育模式的理论化、系统化和标准化建设,以“一带一路”“中国制造 2025”等为载体,积极探索中国职业教育国际化的模式与路径。

当前,我国职业教育正处于改革发展“深水期”的关键时期,“双高计划”必将成为职业教育发展变革的引领者,带动中国特色、世界水平职业教育体系的发展与完善。

【推荐阅读】

1. 中办国办印发《加快推进教育现代化实施方案(2018—2022 年)》,新华社 2019 年 2 月 23 日

2. 教育部解读《中国教育现代化 2035》和实施方案(2018—2022 年),新华社 2019 年 2 月 24 日

3. 国务院印发《国家职业教育改革实施方案》,新华社 2019 年 2 月 13 日

【思考题】

1. 新时代背景下,高等职业教育应着重培养学生哪些方面的品质?

2. 你如何看待高职扩招 100 万?

3. “1+X”证书制度将会给高职学生带来什么影响?

专题六　不畏浮云遮望眼 经济全球化潮流不可阻挡

世界到底怎么了？有一种观点，把世界乱象归咎于经济全球化。我想说的是，把困扰世界的问题，简单归咎于经济全球化，既不符合事实，也无助于问题解决。……世界经济的大海，你要还是不要，都在那儿，是回避不了的。

——2017 年 1 月 17 日，习近平总书记出席世界经济论坛发表的题为《共担时代责任 共促全球发展》的主旨演讲

综合研判世界发展大势，经济全球化是不可逆转的时代潮流。……我要明确告诉大家，中国开放的大门不会关闭，只会越开越大！

——2018 年 4 月 10 日，习近平总书记在博鳌亚洲论坛 2018 年年会开幕式上的主旨演讲

中国是世界第二大经济体，有 13 亿多人口的大市场，有 960 多万平方公里的国土，中国经济是一片大海，而不是一个小池塘。大海有风平浪静之时，也有风狂雨骤之时。没有风狂雨骤，那就不是大海了。狂风骤雨可以掀翻小池塘，但不能掀翻大海。经历了无数次狂风骤雨，大海依旧在那儿！经历了 5000 多年的艰难困苦，中国依旧在这儿！面向未来，中国将永远在这儿！

——2018 年 11 月 5 日，习近平总书记出席首届中国国际进口博览会开幕式并发表主旨演讲

“这是最好的时代，也是最坏的时代”，英国文学家狄更斯曾这样描述工业革命发生后的世界。今天，我们也生活在一个矛盾的世界之中。一方面，物质财富不断积累，科技进步日新月异，人类文明发展到历史最高水平。另一方面，地区冲突频繁发生，恐怖主义、难民潮等全球性挑战此起彼伏，贫困、失业、收入差距拉大，世界面临的不确定性上升。因此，有一种观点把世界乱象归咎于经济全球化。经济全球化曾经被人们视为阿里巴巴的山洞，现在又被不少人看作潘多拉的盒子。对于经济全球化问题人们众说纷纭，支持者有之，质疑者亦有之。

当前，美国的贸易保护主义、单边主义抬头，挑起了与中国等多国的贸易摩擦，美国的倒行逆施令一些人忧心忡忡，担心经济全球化可能走向终结。那么，如何客观地评价和认识经济全球化，如何应对经济全球化面临的各种挑战，成为摆在世界各国人们面前的一个重大课题。

经济全球化会不会发生逆转？国与国之间是否还会相互依存、密切联系？习近平主席在2017年达沃斯世界经济论坛中明确指出，“世界经济的大海，你要还是不要，都在那儿，是回避不了的。想人为切断各国经济的资金流、技术流、产品流、产业流、人员流，让世界经济的大海退回到一个一个孤立的小湖泊、小河流，是不可能的，也是不符合历史潮流的。”经济全球化的潮流不可逆转，必将浩荡前行，只有登高望远，拨云见日，顺势而为，才能挺立潮头、把握未来。

第一节　经济全球化从高速推进期进入深度调整期

什么是经济全球化？“经济全球化”这个词最早是由T·莱维于1985年提出的，至今没有一个公认的定义。国际货币基金组织(IMF)认为：“经济全球化是指跨国商品与服务贸易及资本流动规模和形式的增加，以及技术的广泛迅速传播使世界各国经济的相互依赖性增强”。经济合作与发展组织(OECD)认为，“经济全球化可以被看作一种过程，在这个过程中，经济、市场、技术与通讯形式都越来越具有全球特征，民族性和地方性在减少”。为此，可从三方面理解经济全球化：一是世界各国经济联系的加强和相互依赖程度日益提高；二是各国国内经济规则不断趋于一致；三是国际经济协调机制强化，即各种多边或区域组织对世界经济的协调和约束作用越来越强。总的来讲，经济全球化是指以市场经济为基础，以先进科技和生产力为手段，以发达国家为主导，以最大利润和经济效益为目标，通过分工、贸易、投资、跨国公司和要素流动等，实现各国市场分工与协作，相互融合的过程。

其实，一部苹果手机的生产就是经济全球化的生动缩影。美国博通的触控芯片、韩国三星的显示屏、日本索尼的图像传感器等，全球200多家供应商的零部件漂洋过海，涌入位于中国内陆的富士康工厂，由"打工妹""打工仔"的巧手组装完成，再飞往纽约、伦敦、东京、新德里、墨尔本等全球各地的"果粉"手中。苹果手机的前世今生展现出经济全球化的基本特质，就是商品、资本、技术、信息等大规模地跨越疆界流动。没有经济全球化，就没有今天全球市值超万亿美元的"苹果帝国"。

经济全球化的进程可以追溯到15世纪末哥伦布发现美洲大陆，并在500多年的时间中被分为多个历史阶段。

第一，15世纪末至16世纪前半叶：地理大发现为经济全球化打下基础。由于哥伦布发现美洲大陆，达伽马等人开辟了从欧洲抵达亚洲的海上航线，麦哲伦率船队完成了环球航行，开辟了欧洲列强大规模的海外殖民扩张的新航线，不仅加速了资本的原始积累和资本主义生产方式的建立，也打通了世界各国、各地区交往的通道，这为经济全球化打下了基础。

第二，18世纪末至19世纪中叶：第一次工业革命启动经济全球化。18世纪中后期，以英国为代表的欧美国家陆续发生以蒸汽机为动力、以纺织业为主的第一次工业革命。随着这些国家生产能力的不断提高，本国工业不断创造出远远超出本国市场所能消费的大量商品，于是大量廉价的、过剩的工业产品突破国家边界，涌向世界，推进了国际分工和世界市场的形成，促进了经济全球化的发展。

第三，19世纪后半叶至20世纪初：第二次工业革命加速了经济全球化进程。这一时期，西方发达国家从蒸汽时代进入电气时代，从以纺织工业为中心的轻工业时代进入到以钢铁、石化、电器、机械、汽车为代表的重化工业时代。西方列强凭借工业革命所创造的优势在世界范围内进行了瓜分世界的殖民扩张，并出现了国际垄断组织和跨国公司，西方国家资本输出的增加，特别是国外直接投资的扩大，标志着国际分工和经济全球化进入了新阶段。

【知识拓展】 我国能称得上跨国公司的企业有哪些？有些企业你真想不到

跨国公司，顾名思义就是已经开拓了海外市场并有所成就的企业。随着我国民营企业的逐渐壮大，我国已经有了一大批在海外市场享有知名度的跨国公司。

第一名：华为　无线网络系统业务全球第一，智能手机业务全球第三，2017年实现收入6 036亿元，其中超过收入一半来自中国以外市场。

第二名：阿里巴巴　我国最大的电子商务企业，海外电商业务也在快速发展中，在东南亚电商市场处于领先地位。云计算业务在全球排名第三，仅次于亚马逊和微软的云计算业务规模。

……

第四，“一战”至“冷战”结束：经济全球化在曲折中发展。在20世纪初到40年代末的大约40年间，曾出现过多个阻遏经济全球化的历史事件，如1914—1918年的第一次世界大战、1929—1933年的世界经济大萧条、1937—1945年的第二次世界大战等。同时，从20世纪50年代初起，出现了以微电子、新材料、新能源为代表的新科技革命，将工业化进程引向新阶段，西方发达国家进入了一个经济大发展时期，即所谓的“经济高速增长时期”。

第五，“冷战”结束：经济全球化深入发展。20世纪90年代，随着冷战的结束，新科技革命的大力推进，特别是信息技术取得突破并广泛运用，全球资本的跨国流动迅速加快，经济全球化得以迅猛发展。随着中国、印度等新兴市场国家逐渐融入全球经济体系，经济全球化的规模正在空前扩大。全球范围生产要素配置以空前的速度和规模持续发作，各经济体相互依赖、相互联系的程度日益加深。WTO等国际经济组织的职能、规模的扩大和发展，使世界经济运行日益规范化和规则化，实现了物流、资金流、信息流和知识流全球畅通。

经济全球化进程极大促进了人类社会的发展，比如，财富逐步增长，贸易与投资活跃，绝对贫困人口减少，预期寿命增加。1970—2017年，以2010年不变价美元计算，全球GDP总量从不足20万亿美元升至80万亿美元。同期，人均GDP从5 185美元升至10634美元。全球贸易额在GDP中的占比由26.72%升至2017年的56.21%。直接投资净流出从130.4亿美元升至1.525万亿美元。1981—2013年，全球贫困人口比例已经由42.3%下降至10.9%。而据世界银行预计，全球85%的人口预期寿命可达60岁，是100年前的两倍。

2008年国际金融危机爆发后，经济全球化从高速推进期进入深度调整期，主要呈现出以下新特点。

第一，经济全球化的推进速度明显下降。跨境贸易与投资快速发展，是经济全球化深入推进的重要表现。1998—2007年，全球货物贸易出口、服务贸易出口和跨境直接投资年均增速分别达到10.9%、10.8%和11.9%。2008年国际金融危机的爆发是一个分水岭，此后，跨境贸易和投资明显减速。2008—2017年，全球货物贸易出口和服务贸易出口年均增速分别下降到1.0%和3.2%。货物贸易出口占全球GDP的比重在2008年达到25.4%的峰值后,2017年降到22%。服务贸易出口占全球GDP的比重在2008年达到6.32%,近10年在波动中维持,2017年为6.65%。跨境直接投资规模2007年达到18 938亿美元后出现收缩,2008—2017年年均增速为-0.42%。

第二,经济全球化的内容与格局发生变化。从内容变化看,服务贸易在经济全球化中的地位有所上升。2008年国际金融危机爆发后,货物贸易与服务贸易增长速度都明显下降,但货物贸易增速下降幅度更大,服务贸易平均增速达到货物贸易平均增速的3.2倍。服务贸易在全球贸易中的地位相应上升,占比从2008年的19.9%上升到2017年的23.2%。从格局变化看,发展中国家的地位明显上升。越来越多的发展中国家持续推进贸易投资自由化便利化,越来越深地参与到全球生产价值链当中,在跨境贸易与投资中的地位不断提升。以吸收外商直接投资为例,发展中国家占全球直接投资流入额的比重从明显低于发达国家发展到与发达国家接近,个别年份甚至超过了发达国家。

第三,全球经济治理体系加速调整。全球经济治理体系是由理念、规则和机构组成的一套复杂的国际体系,为经济全球化提供制度保障。从理念层面看,一直处于主导地位的自由贸易理念正受到所谓“公平贸易”理念的挑战。从规则层面看,新的经贸规则从以往的边境措施向边境后措施深度拓展。从治理平台看,多边贸易谈判停滞不前,但区域一体化组织如雨后春笋般涌现出来,成为制定国际经贸规则的新平台,世界贸易组织这个多边组织的改革被提上日程。

对此,习近平总书记作出“我们正面临经济全球化进程的深刻转变”的重大论断。他指出,“去数十年,经济全球化对世界经济发展作出了重要贡献,已成为不可逆转的时代潮流。同时,面对形势的发展变化,经济全球化在形式和内容上面临新的调整,理念上应该更加注重开放包容,方向上应该更加注重普惠平衡,效应上应该更加注重公正共赢。”

【新闻速览】 为全球经济治理贡献正能量

“全球化的经济需要全球化的治理。”习近平主席在第二届“一带一路”国际合作高峰论坛开幕式上强调,中国将更加有效实施国际宏观经济政策协调。这是新时代我国对外开放的新要求,也是我国在全球经济治理变革面临新挑战新机遇的形势下作出的重要承诺。

(资料来源:人民日报)

第二节 当前经济全球化面临的困境与挑战

把困扰世界的问题简单归咎于经济全球化，既不符合事实，也无助于问题解决。经济全球化是一把“双刃剑”。它是社会生产力发展的客观要求和科技进步的必然结果，为世界经济增长提供了强劲动力，促进了商品和资本流动、科技和文明进步、各国人民交往。但当世界经济处于下行期的时候，全球经济“蛋糕”不容易做大，甚至变小了，增长和分配、资本和劳动、效率和公平的矛盾就会更加突出，发达国家和发展中国家都会感受到压力和冲击。面对经济全球化这个并非十全十美的事物，习近平主席表示，经济全球化确实带来了新问题，但我们不能就此把经济全球化一棍子打死，他把世界市场比作汪洋大海，表示如果永远不敢到大海中去经风雨、见世面，总有一天会在大海中溺水而亡。

当今世界经济深陷困境的根源是什么？习近平主席认为，其根源是经济领域三大突出矛盾没有得到有效解决：

一是全球增长动能不足，难以支撑世界经济持续稳定增长。自2012年以来，世界贸易处于持续低迷状态。根据世界贸易组织的统计，国际贸易增速已从1990—2008年均7%降至2009—2018年间的3%，不仅如此，世界贸易的增长已经连续5年低于世界生产的增长。世界经济正处在动能转换的换挡期，传统增长引擎对经济的拉动作用减弱，人工智能、3D打印等新技术虽然不断涌现，但新的经济增长点尚未形成。

二是全球经济治理滞后，难以适应世界经济新变化。从新兴市场国家和发展中国家对全球经济增长的贡献率已经达到80%的数据表示，“过去数十年，国际经济力量对比深刻演变，而全球治理体系未能反映新格局，代表性和包容性很不够。”

三是全球发展失衡，难以满足人们对美好生活的期待。当前发达国家是经济全球化的主导者和规则制定者，发达国家利用自身的资金、技术等先发优势占据较大的世界市场份额，并通过操纵国际组织制定有利于发达国家的国际规则从而获取较大的利润，而发展中国家由于在经济全球化过程中处于被动地位，多数发展中国家在全球经济发展过程中主要是为发达国家提供廉价的原材料和劳动力，在国际分工中以输出原料和劳动力以及发展加工制造业为主，处于全球产业链条的最低端，因而获取利润较少，这就形成了南北之间的贫富差距。随着资本在全球范围内的扩张，在资本积累和增殖作用机制下，财富越来越集中于少数资本所有者的手中，全球最富有的1%人口拥有的财富量超过其余99%人口财富的总和，收入分配不平等、发展空间不平衡令人担忧。

当前，除了面临经济全球化的现实困境以外，还面临民粹主义、贸易保护主义等“逆全球化”的思潮的挑战，更加剧了未来世界经济发展的不确定性。

“逆全球化”的代表事件是英国公投脱欧和美国总统大选中特朗普获胜，也被称为2016的“黑天鹅事件”。特朗普于2017年1月20日宣誓就职，随即开启“退群”潮。2017年1月23日即签署行政命令，正式宣布退出跨太平洋伙伴关系协定(TPP)。白宫发言人当天在例行新闻发布会上表示，签署这一行政命令标志着美国贸易政策进入新的时期。

【新闻速览】 盘点这些年特朗普带美国退出的这些“国际群”

美国又双叒叕要“退群了”。白宫17日宣布，美国即日起启动退出万国邮政联盟的程序，理由是该组织的国际邮政资费规定伤害了美国企业。外界分析，美国此次“退群”或与中国有关。在特朗普的努力下，美国“退群”几乎“成瘾”，已经让人有点“见怪不怪”了。特朗普上台后，三天之内就“退了”奥巴马政府费尽心血达成的跨太平洋伙伴关系协定(TPP)。从此，美国在“退群之路”上越走越远。

美国是经济全球化的最大受益者，长期自诩为自由贸易最重要的推动者。但近年来，却不承认自己从自由贸易中获益，而是大讲美国面对着不公平的国际贸易。他们一再抛出“吃亏论”，公然声称“美国主义而不是全球主义将成为我们的信条”“全球化带给美国千千万万工人的只有贫穷和悲伤”。美国对多国加征关税，大范围挑起贸易战的贸易保护主义行为，使自由贸易和经济全球化遭遇逆风。

《全球贸易预警》数据显示，2008年11月至2018年7月，G20中的19个国家成员累计出台保护主义政策近 8 000 项，其中美国出台近 1 492 项，位居世界首位。从 2018 年 3 月开始，美国对华贸易打压上尤为强硬。2018 年 3 月，特朗普签署公告，对进口钢铁产品征收 25%的关税，对进口铝产品征收 10%的关税；同年 7 月，美国对中国进口的约 340 亿美元商品实施加征 25%的关税措施；同年 8 月，美国对自中国进口 160 亿美元产品加征 25%的关税；同年 9 月，美国对中国 2 000 亿人输美商品加征关税；2019 年 5 月，美方再次对中国施加打压力度，将对 2 000 亿人美元中国输美商品加征的关税从 10%上调至 25%。与此同时，美国将贸易保护的“大棒”也挥向欧洲、加拿大、墨西哥等国，进行全球贸易大战。美国与中国及其他主要贸易伙伴大打贸易战，不仅是一种霸凌行为，而且极大危害国际经贸秩序，与经济全球化背道而驰。

【新闻速览】　这就是中国态度：不愿打，但也不怕打，必要时不得不打

在 5 月 13 日晚 7 点的央视新闻联播中，主持人康辉播报了一篇题为《中国已做好全面应对的准备》的国际锐评，这段铿锵有力的声音迅速让《新闻联播》登上热搜榜首。

对于美方发起的贸易战，中国早就表明态度：不愿打，但也不怕打，必要时不得不打。面对美国的软硬两手，中国也早已给出答案：谈，大门敞开；打，奉陪到底。经历了 5000 多年风风雨雨的中华民族，什么样的阵势没见过？

在实现民族复兴的伟大进程中，必然会有艰难险阻甚至惊涛骇浪。美国发起的对华贸易战，不过是中国发展进程中的一道坎儿，没什么大不了，中国必将坚定信心、迎难而上，化危为机，斗出一片新天地。

争取世界“百年和平”应是中国外交奋斗长期目标

2019 年 6 月 5 日，英国《金融时报》首席经济评论员马丁・沃尔夫(Martin Wolf)发表了一篇惊人的文章：《中美即将进入百年冲突》(The looming 100 - year US - China conflict)，透露因为“美国的经济、外交和安全政策统统开始把与中国全面敌对竞争作为核心原则”，“目标是确保美国的主宰地位”。

沃尔夫说，这是美国的“新思潮”，“将中美关系限定在零和冲突的框架里”，把中美关系“指向了长期冲突”“有可能莫名其妙地演变为一场全盘冲突”。

特朗普政府推行“美国优先”，认为经济全球化的浪潮中美国吃了亏，威胁退出全球化，实行单边主义政策。然而，美国真的吃亏了吗？事实上，美国是经济全球化最大的受益者。贸易逆差并不等于“利益逆差”，美国凭借在资本、技术上的优势，占据全球价值链顶端，通过进口大量质优价廉的产品，维持较低的通胀率。牛津研究院估计，美国自中国进口的低价商品，在 2015 年帮助美国降低消费物价水平 1%～1.5%。因此，据美媒报道，在特朗普宣布对中国加征最新一轮关税前，苹果公司和思科公司就公开发表声明，强调如果特朗普对中国 2 000 亿美元产品加征关税，它们的企业和顾客就将遭受损失。美国的贸易保护主义政策遭到了美国企业及民众的反对与斥责。

美国竭力充当“搅局者”，“退群”、筑墙、加征关税、打贸易战、发布出口管制“实体名单”。这些异动，无非是想把国内矛盾的“锅”甩给经济全球化，牺牲他国利益来谋求一己之利。幻想使出“蛮力”就能把制造业全部搬回美国，德国《南德意志报》最近刊文指出，“恰恰在美国，倒退是完全不可能的。”想自己生产进口的那些产品，首先要重新拥有劳动力大军。现实是，美国许多地区正受到劳动力短缺困扰。美国彼得森国际经济研究所有关研究认为，如果中美贸易摩擦持续加剧的话，美国将会损失大约 100 万个就业岗位。

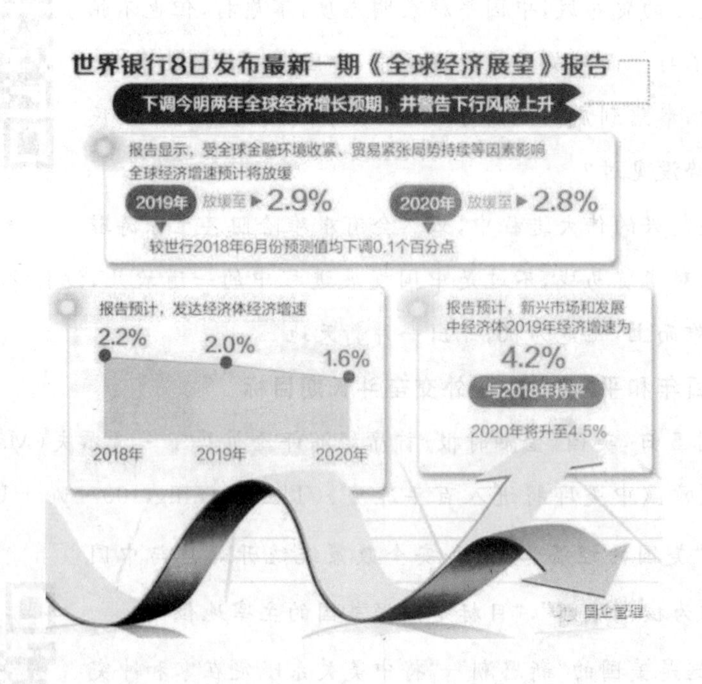

美国一些人逆势而动的政策，正在威胁全球经济增长。世界银行 2019 年 1 月 8 日发布最新一期《全球经济展望》报告显示，2019 年和 2020 年全球经济增速预计将分别放缓至 2.9%和 2.8%，贸易关系持续紧张是主要下行风险之一。一季度美国工业产值同比下降

2.1%,4月又较3月下降0.5%;去年美国农民净收入同比下降16%,跌至国际金融危机发生时的水平。

“拒绝全球化就是拒绝太阳升起。”美国资深记者乔治·帕克曾发出警告。阻挡经济全球化发展,人为切断各国经济的资金流、技术流、产品流、产业流、人员流,让世界经济的大海退回到一个一个孤立的小湖泊、小河流,是不可能的,也终将被全球化的大潮冲得粉碎。

虽然“逆全球化”影响世界经济发展进程,但新兴市场国家和发展中国家的崛起,已经成为经济全球化的有力推动者。2017年,中等收入和低收入国家的经济总量占世界经济总量的比重达到36.2%,对当年全球GDP增量的贡献率高达54.2%;商品和服务出口总额占世界的比重为30.0%,对世界商品和服务出口增量的贡献率为36.2%。新兴市场国家和发展中国家对经济全球化具有强烈需求,而且成为越来越重要的贡献者,必然会有力推动自由贸易和经济全球化持续深入发展。

【新闻速览】　美国发动对华贸易战的五大世界性危害

新华社北京5月25日电　美国政府不仅发动了对华贸易战,而且正在深度和广度上剧烈升级,并出现了超出贸易争端范畴的趋势,这给世界前景带来了越来越多的不确定性,成为威胁全球利益与人类福祉的一大祸根。

美国政府的对华经济关系思维和贸易霸凌行径,至少已经产生或正在产生五大世界性危害,影响着国际社会关于全球治理与发展走向的认知与理解。

(资料来源:新华网)

任正非:在华为未来发展中,最兴奋的是美国对我们的打压

4月24日,华为公布了任正非3月接受美国有线电视新闻网(CNN)采访的纪要。这位华为创始人表示,在该公司未来的发展中,“最兴奋的是美国对我们的打压”。

他援引一则名人名言称,“堡垒最容易从内部攻破,堡垒从外部被加强”,“我们这个堡垒的内部正在松散、惰怠之中,美国这样一打压,我们内部受到挤压以后,就更团结,密度更强,更万众一心,下决心一定要把产品做好”。

(资料来源:新华网)

第三节　中国是经济全球化的坚定捍卫者

当今世界经济正站在新的“十字路口”，经济全球化遭遇波折，全球贸易摩擦的风险在加大，国际经济合作氛围受到影响，但是，各国相互依存、彼此融合的利益共同体，开放包容、合作共赢仍是唯一正确的选择。新兴市场国家和发展中国家参与全球治理的愿望在逐渐增强，尤其是中国作为世界主要的经济体，在国际社会上扮演的角色越来越重要，我们始终坚持开放合作，坚定信心应对一切风险挑战，顺应经济全球化的历史大势，做经济全球化的坚定捍卫者，并以充满哲理的中国智慧和中国方案，为世界经济把脉开方，为处在十字路口的全球化进程指引方向。

一、中国是经济全球化的受益者，更是贡献者

习近平主席在达沃斯国际会议中心出席世界经济论坛2017年年会开幕式并发表主旨演讲时强调，“中国的发展是世界的机遇，中国是经济全球化的受益者，更是贡献者。中国经济快速增长，为全球经济稳定和增长提供了持续强大的推动。中国同一大批国家的联动发展，使全球经济发展更加平衡。中国减贫事业的巨大成就，使全球经济增长更加包容。中国改革开放持续推进，为开放型世界经济发展提供了重要动力。”中国实行对外开放40年，特别是加入世贸组织以来，在把握自身难得发展机遇的同时，为全球经济发展与治理作出的贡献有目共睹。

在贸易方面，中国积极参与做大全球经济贸易“蛋糕”，与贸易伙伴各得其利。2001—2017年，中国的货物进口年均增长13.5%，是世界进口增长速度的两倍，服务贸易进口年均增长16.7%，是世界平均水平的2.7倍。2017年，中国已是全球最大商品贸易出口国和第五大商业服务出口国，出口值分别达22 630亿美元和2 260亿美元。

【链接】　白皮书——中国加入世贸组织后对世界做出重要贡献

白皮书说，加入世贸组织后，中国改革开放和经济发展进入加速期，中国的发展有力促进了世界经济发展。2016年，按照汇率法计算，中国国内生产总值占世界的比重达到14.8%，较2001年提高10.7个百分点。自2002年以来，中国对世界经济增长的平均贡献率接近30%，是拉动世界经济复苏和增长的重要引擎。

白皮书说，加入世贸组织以来，中国对外贸易持续发展，惠及13亿多中国人民，也惠及世界各国人民。世贸组织数据显示，2017年，中国在全球货物贸易进口和出口总额中所

占比重分别达到10.2%和12.8%,是120多个国家和地区的主要贸易伙伴。2001年至2017年,中国货物贸易进口额年均增长13.5%,高出全球平均水平6.9个百分点,已成为全球第二大进口国;中国服务贸易进口从393亿美元增至4 676亿美元,年均增长16.7%,占全球服务贸易进口总额的比重接近10%。

白皮书说,中国积极吸引外国机构和个人来华投资兴业,外商直接投资规模从1992年起连续26年居发展中国家首位。加入世贸组织后,外商直接投资规模从2001年的468.8亿美元增加到2017年的1 363.2亿美元,年均增长6.9%。外商投资企业在提升中国经济增长质量和效益的同时,分享中国经济发展红利。

（资料来源:新华网）

在相互投资方面,2017年,中国是全球第二大外资流入国和第三大对外投资国,总额分别达1 360亿美元和1 246亿美元。目前,中国已是世界上120多个国家的最大贸易伙伴,其中,前十五大贸易伙伴吸纳了中国出口总量的近70%,8个国家和地区保持对华贸易顺差。

在关税方面,20世纪90年代,中国平均关税水平为43%,入世后降至9.7%,目前保持在3.54%的低水平。特别是中国对最不发达国家给予了97%的税目免关税待遇,成为最不发达国家最大的出口市场。根据经济合作与发展组织每年编制的“贸易便利化指数”的11个指标,2015—2017年,中国在信息获取、公平管理、申诉程序等重要方面取得进步。2018年11月,在上海举行的中国国际进口博览会正是生动展示中国继续扩大开放意愿和信心的窗口。

在市场规则方面,支持完善全球自由贸易体系。2016年10月,国际货币基金组织认定人民币为可自由使用的货币,加入特别提款权货币篮子,权重为10.92%,在美元41.73%、欧元30.93%之后居第三位,超过日元和英镑,对国际货币和金融体系改革及全球经济影响深远。亚洲基础设施投资银行是第一个由中国倡议设立的多边开发金融机构,并与世界银行和亚洲开发银行紧密合作,为推进亚洲各国互联互通,加快经济一体化进程提供融资支持。截至2018年12月,亚投行有93个正式成员国,在印度、菲律宾等国的项目稳步推进,迅速获得国际社会广泛认可。中国坚定遵守和维护世界贸易组织规则,支持开放、透明、包容、非歧视的多边贸易体制。

中国入世后,中美双边贸易额大幅提高。2001年,中美货物贸易额为1 215亿美元,2017年为5 837亿美元。从投资回报角度观察更为清楚。2001年,美资企业在华销售额只有450亿美元,2016年,这一数字即高达6 000亿美元。由于中国经济的快速增长和巨大的消费潜力,不少美国企业通过中国市场获得发展,甚至得以“续命”。在2008年金融危机期间破产重组的美国通用汽车,其海外市场的45%依靠中国。在华两家合资企业2017年共实现利润279.9亿元,通用集团从中分得133.3亿元利润。同期,通用公司全球经营业绩则为亏损。

入世以来,中国和包括美国在内的全球贸易伙伴一同成长,相互成就。无论是风和日丽,还是凄风苦雨,中国都和国际社会守望相助,不离不弃,为全球经济的稳定和健康发展作出了重要贡献。这正是经济全球化的要义所在。

【新闻速览】 中国贡献,世界点赞!

尽管国际形势风云变幻,中国始终屹立潮头,成为全球和平发展的“稳定锚”,世界繁荣进步的“发动机”,各国合作共赢的“助推器”。

2017年2月10日,构建人类命运共同体理念写入联合国决议;3月17日,载入安理会决议;3月23日,载入联合国人权理事会决议;11月2日,写入联大两份安全决议……

在当今国际治理体系面临分化挑战之时,中国提出并践行人类命运共同体理念,对国际合作共赢传递着强烈信心,广获各国认同,激发起同频共振、同声相应的合作共鸣。

二、中国方案引领经济全球化发展新方向

当前世界经济发展不平衡、全球治理不畅、保护主义抬头,国际和地区热点问题频发,习近平总书记指出,“世界那么大,问题那么多,国际社会期待听到中国声音、看到中国方案,中国不能缺席。”着眼人类发展和世界前途,习近平新时代中国特色社会主义思想为解决人类面临的共同难题贡献了中国智慧,提供了中国方案。

近几年,中国先后成功主办G20杭州峰会、亚太经合组织领导人非正式会议、中欧工商峰会、金砖国家领导人厦门会晤、亚信峰会、首届及第二届“一带一路”国际合作高峰论坛、新兴经济论坛、博鳌亚洲论坛、中非合作论坛、国际大数据产业博览会、世界智能大会等重要会议,提出加强全球经济治理的中国方案,取得一系列具有开创性、引领性、机制性的成果,并首创设立亚投行、丝路基金,推动建立金砖国际新开发银行,设立中国——联合国和平与发展基金和南南合作援助基金,以实际行动打造人类命运共同体,向世界提供越来越多的优质公共产品。

【理论探索】　亚洲基础设施投资银行(简称亚投行)

亚投行是一个政府间性质的亚洲区域多边开发机构。重点支持基础设施建设，成立宗旨是为了促进亚洲区域的建设互联互通化和经济一体化的进程，并且加强中国及其他亚洲国家和地区的合作，是首个由中国倡议设立的多边金融机构，总部设在北京，法定资本1000亿美元。截至2018年12月19日，亚投行有93个正式成员国。

2013年10月2日，习近平主席提出筹建倡议，2014年10月24日，包括中国、印度、新加坡等在内21个首批意向创始成员国的财长和授权代表在北京签约，共同决定成立投行。2015年12月25日，亚洲基础设施投资银行正式成立。2016年1月16日至18日，亚投行开业仪式暨理事会和董事会成立大会在北京举行。2019年4月22日，亚投行理事会已经批准科特迪瓦、几内亚、突尼斯和乌拉圭为新一批成员。至此，亚投行成员达到97个。

2018年7月25日，习近平主席出席金砖国家工商论坛上发表重要讲话，强调金砖国家要顺应历史大势，坚持合作共赢、创新引领、包容普惠、多边主义，为构建新型国际关系、构建人类命运共同体发挥建设性作用。为如何在未来10年里推动世界经济新旧动能转换、加速国际格局和力量对比演变、深刻重塑全球治理体系做出建设性观点：一是坚持合作共赢，建设开放经济；二是坚持创新引领，把握发展机遇；三是坚持包容普惠，造福各国人民；四是坚持多边主义，完善全球治理。现行的国际秩序并不完美，只要它以规则为基础，以公平为导向，以共赢为目标，就不能随意被舍弃，更不能推到重来。

2019年3月26日，习近平主席出席中法全球治理论坛闭幕式并发表讲话。习总书记指出，治理赤字、信任赤字、和平赤字、发展赤字成为摆在全人类面前的严峻挑战。共迎挑战、将人类前途命运掌握在自己手中，是广大人民的期待，也是各国应尽的责任。中国方案是：坚持公正合理、坚持互商互谅、坚持同舟共济、坚持互利共赢。这一系列主张与人类命运共同体理念一脉相承，贯穿着中华民族重情义、尚和合、求大同的价值追求。它超越了零和博弈的旧思维，为国际关系发展开辟了新远景。习总书记着眼全球发展面临的“四大赤字”，提出“四个坚持”的中国方案，深刻回答“世界怎么了、我们怎么办”的时代之问，为站在十字路口的人类指明了方向，提供了信心。

三、欢迎各国人民搭乘中国发展的“快车”“便车”

“推动经济全球化朝着更加开放、包容、普惠、平衡、共赢的方向发展，让各国人民共享经济全球化和世界经济增长成果。”在首届中国国际进口博览会开幕式主旨演讲中，习近平主席呼吁各国超越差异和分歧，发挥各自优势，推动包容发展，展现了中国作为负责任大国的道义与担当。

中国开放的大门不会关闭，只会越开越大。过去40年中国经济发展是在开放条件下取得的，未来中国经济实现高质量发展也必须在更加开放条件下进行。这是中国基于发展需要作出的战略抉择，同时也是在以实际行动推动经济全球化造福世界各国人民。中国顺应经济全球化大势的务实行动充分证明，中国不仅发展了自己，也造福了世界。就像习近平总书记2017年1月18日在瑞士日内瓦万国宫演讲时所指出：“世界好，中国才能好；中国好，世界才更好。”

【新闻速览】 任正非——华为仍对与美国公司合作持开放态度

2019年6月17日下午2时，华为创始人、CEO任正非在与《福布斯》知名撰稿人乔治·吉尔德和美国《连线》杂志专栏作家尼古拉斯·内格罗蓬特对谈。任正非在讲话中提到，没有想到美国打击华为力度如此之大，如此坚定不移，也没有想到打击面如此之广。

“我们认为这些措施不会阻止华为，我们已经做好了准备。在未来两年，我们会更加坚强，我们会更加坚定与美国公司的合作，我们保持开放的态度，但有些公司会对美国的供应商采取谨慎的态度，但这不是华为的态度。”任正非表示。

（资料来源：央视网）

1950年至2016年,中国在自身长期发展水平和人民生活水平不高的情况下,累计对外提供援款4 000多亿元人民币,实施各类援外项目5 000多个,其中成套项目近3 000个,举办11 000多期培训班,为发展中国家在华培训各类人员26万多名。改革开放以来,中国累计吸引外资超过1.7万亿美元,累计对外直接投资超过1.2万亿美元,为世界经济发展做出了巨大贡献。国际金融危机爆发以来,中国经济增长对世界经济增长的贡献率年均在30%以上。习近平主席表示,从这些数字可以看出,中国的发展是世界的机遇,中国是经济全球化的受益者,更是贡献者。他同时表示,中国人民张开双臂欢迎各国人民搭乘中国发展的"快车""便车"。

坚持多边主义和自由贸易,支持贸易自由化。2018年11月,首届中国国际进口博览会在上海成功举行,吸引了172个国家、地区和国际组织,3 600多家企业参展,40多万名境内外采购商到会洽谈采购,成交额达578亿美元。4 500多名各界知名人士出席虹桥国际经贸论坛。中国用行动证明了支持贸易自由化、主动向世界开放市场的决心。未来,中国将继续大幅放宽市场准入,加强知识产权保护,主动扩大进口。中国发布了外商投资准入新的负面清单,在金融、汽车、飞机、船舶等领域进一步开放。根据世界银行的报告,中国营商环境排名比2017年提升30多位,在190个经济体中名列第46位,成为营商环境改善幅度最大的经济体之一。

中国支持世界各国合作,引导好全球化走向。2013年,习近平主席提出"一带一路"伟大倡议,在谋求自身发展的同时,为其他国家发展贡献了顺应历史潮流的中国智慧。五年来,"一带一路"建设逐渐从规划走向实践,从愿景转化为现实,进展和成果超出预期,朋友圈越来越大。截至2019年4月30日,中国已经与131个国家和30个国际组织签署了187份共建"一带一路"合作。中国将继续推进共建"一带一路",为全球提供开放合作的国际平台。中国采取的一系列务实行动,正是为了推动全球共同开放,以开放带来合作,以合作促进发展。2017年1月17日习近平主席在达沃斯世界经济论坛的讲话中指出,"我们要主动作为、适度管理,让经济全球化的正面效应更多释放出来,实现经济全球化进程再平衡;我们要顺应大势、结合国情,正确选择融入经济全球化的路径和节奏;我们要讲求效率、注重公平,让不同国家、不同阶层、不同人群共享经济全球化的好处。"

习近平主席2015年在新加坡国立大学发表演讲时强调,近代以来,中国经历了长达一个多世纪的积贫积弱、风雨飘摇的年代,比谁都懂得发展的重要、稳定的可贵。中国的发展进程得到周边国家帮助和支持,中国发展成果也为周边国家所分享。中国愿意把自身发展同周边国家发展更紧密地结合起来,欢迎周边国家搭乘中国发展"快车""便车",让中国发展成果更多惠及周边，让大家一起过上好日子。

总而言之，历史已经证明并将继续证明，经济全球化的潮流不可阻挡，各国人民对幸福美好生活的追求，是谁都无法剥夺的权利。所有国家都已经不可避免地卷入经济全球化的浪潮中，要想再走回头路，是不现实的。

【新闻速览】 共建“一带一路” 欢迎搭乘中国发展的快车便车

9月19日，2017“一带一路”媒体合作论坛在敦煌举行。4年来，“一带一路”倡议的国际影响日益显现，无论是从“中国倡议”到“国际行动”，从“中国理念”到“国际共识”，还是“中国方案”融入“全球治理”，展现的都是共建“一带一路”给世界带来机会，带来四重效应：

转变经济发展模式。要想富，先修路，基建是经济发展基础。世界银行数据显示，发展中国家每年基建投入约1万亿美元，估计到2020年每年至少还需增加1万亿美元。到2030年，全球预计将需要57万亿美元基础设施投资。“一带一路”建设可以说抓住了世界经济发展的牛鼻子，展示了中国新比较优势。一项海外研究显示，2017年全球基建投资中，中国占比31%。中国参与的海外建设项目多达1034个，多数位于亚洲、中东和非洲，其中40%为铁路基建项目。通过倡导基础设施互联互通，“一带一路”建设正在改善全球化，引导投资流向实体经济，利于消除全球金融危机之源，让全球化惠及更广泛的民众。

（资料来源：人民日报）

【推荐阅读】

1. 习近平主席在瑞士达沃斯出席世界经济论坛2017年年会开幕式并发表了题为《共担时代责任　共促全球发展》的主旨演讲，新华社2017年01月18日

2. 习近平主席出席博鳌亚洲论坛2018年年会在海南省博鳌开幕式并发表题为《开放共创繁荣　创新引领未来》的主旨演讲，新华社2018年4月10日

3. 习近平主席出席在南非约翰内斯堡举行的金砖国家工商论坛并发表题为《顺应时代潮流　实现共同发展》的重要讲话，新华社2018年7月25日

4. 习近平主席出席巴黎中法全球治理论坛闭幕式并发表题为《为建设更加美好的地球家园贡献智慧和力量》的重要讲话。新华社2019年3月26日

【思考题】

1. 当前阻碍经济全球化深入发展有哪些因素？

2. 你如何看待中国在推动经济全球化发展方面的作用和主张？

3. 你如何认识中美贸易战对中美两国的影响？

专题七　精雕“工笔画”：“一带一路”硕果累累

为了使欧亚各国经济联系更加紧密、相互合作更加深入、发展空间更加广阔，我们可以用创新的合作模式，共同建设“丝绸之路经济带”，以点带面，从线到片，逐步形成区域大合作。

——2013 年 9 月 7 日，国家主席习近平在哈萨克斯坦纳扎尔巴耶夫大学发表题为《弘扬人民友谊　共创美好未来》的重要演讲

东南亚地区自古以来就是“海上丝绸之路”的重要枢纽，中国愿同东盟国家加强海上合作，使用好中国政府设立的中国—东盟海上合作基金，发展好海洋合作伙伴关系，共同建设 21 世纪“海上丝绸之路”。中国愿通过扩大同东盟国家各领域务实合作，互通有无、优势互补，同东盟国家共享机遇、共迎挑战，实现共同发展、共同繁荣。

——2013 年 10 月 3 日，国家主席习近平在印度尼西亚国会发表题为《携手建设中国—东盟命运共同体》的重要演讲。

5 年来，共建“一带一路”大幅提升了我国贸易投资自由化便利化水平，推动我国开放空间从沿海、沿江向内陆、沿边延伸，形成陆海内外联动、东西双向互济的开放新格局；我们同“一带一路”相关国家的货物贸易额累计超过 5 万亿美元，对外直接投资超过 600 亿美元，为当地创造 20 多万个就业岗位，我国对外投资成为拉动全球对外直接投资增长的重要引擎。

——2018 年 8 月 27 日，国家主席习近平在北京人民大会堂出席推进“一带一路”建设工作 5 周年座谈会并发表重要讲话

共建“一带一路”倡议,目的是聚焦互联互通,深化务实合作,携手应对人类面临的各种风险挑战,实现互利共赢、共同发展。在各方共同努力下,“六廊六路多国多港”的互联互通架构基本形成,一大批合作项目落地生根,首届高峰论坛的各项成果顺利落实,150多个国家和国际组织同中国签署共建“一带一路”合作协议。共建“一带一路”倡议同联合国、东盟、非盟、欧盟、欧亚经济联盟等国际和地区组织的发展和合作规划对接,同各国发展战略对接。从亚欧大陆到非洲、美洲、大洋洲,共建“一带一路”为世界经济增长开辟了新空间,为国际贸易和投资搭建了新平台,为完善全球经济治理拓展了新实践,为增进各国民生福祉作出了新贡献,成为共同的机遇之路、繁荣之路。事实证明,共建“一带一路”不仅为世界各国发展提供了新机遇,也为中国开放发展开辟了新天地。

【理论探索】 “一带一路”

“一带一路”就是“丝绸之路经济带”和“21世纪海上丝绸之路”的简称。“一带一路”不是古丝绸之路的简单升级,而是借用古丝绸之路的历史符号,融入了新的时代内涵;“一带一路”更不是“带”和“路”的地理概念,而是中国向世界提供的国际合作平台和公共产品,是一项开放包容的经济合作倡议。

【翻译】 在对外公文中,统一将“丝绸之路经济带和21世纪海上丝绸之路”的英文全称译为“the Silk Road Economic Belt and the 21st-Century Maritime Silk Road”,“一带一路”简称译为“the Belt and Road”,英文缩写用“B&R”。

第一节 六年共建,绘就“大写意”

2013年以来,共建“一带一路”倡议以政策沟通、设施联通、贸易畅通、资金融通和民心相通为主要内容扎实推进,取得明显成效,一批具有标志性的早期成果开始显现,参与各国得到了实实在在的好处,对共建“一带一路”的认同感和参与度不断增强。

一、政策沟通

政策沟通是共建“一带一路”的重要保障,是形成携手共建行动的重要先导。5年多来,中国与有关国家和国际组织充分沟通协调,形成了共建“一带一路”的广泛国际合作共识。

1. 共建“一带一路”倡议载入国际组织重要文件

共建“一带一路”倡议及其核心理念已写入联合国、二十国集团、亚太经合组织以及其他区域组织等有关文件中。2015 年 7 月，上海合作组织发表了《上海合作组织成员国元首乌法宣言》，支持关于建设“丝绸之路经济带”的倡议。2016 年 9 月，《二十国集团领导人杭州峰会公报》通过关于建立“全球基础设施互联互通联盟”倡议。2016 年 11 月，联合国 193 个会员国协商一致通过决议，欢迎共建“一带一路”等经济合作倡议，呼吁国际社会为“一带一路”建设提供安全保障环境。2017 年 3 月，联合国安理会一致通过了第 2344 号决议，呼吁国际社会通过“一带一路”建设加强区域经济合作，并首次载入“人类命运共同体”理念。2018 年，中拉论坛第二届部长级会议、中国—阿拉伯国家合作论坛第八届部长级会议、中非合作论坛峰会先后召开，分别形成了中拉《关于“一带一路”倡议的特别声明》《中国和阿拉伯国家合作共建“一带一路”行动宣言》和《关于构建更加紧密的中非命运共同体的北京宣言》等重要成果文件。

2. 签署共建“一带一路”政府间合作文件的国家和国际组织数量逐年增加

在共建“一带一路”框架下，各参与国和国际组织本着求同存异原则，就经济发展规划和政策进行充分交流，协商制定经济合作规划和措施。截至 2019 年 3 月底，中国政府已与 125 个国家和 29 个国际组织签署 173 份合作文件。共建“一带一路”国家已由亚欧延伸至非洲、拉美、南太等区域。

3. 共建“一带一路”专业领域对接合作有序推进

数字丝绸之路建设已成为共建“一带一路”的重要组成部分，中国与埃及、老挝、沙特阿拉伯、塞尔维亚、泰国、土耳其、阿联酋等国家共同发起《“一带一路”数字经济国际合作倡议》，与 16 个国家签署加强数字丝绸之路建设合作文件。中国发布《标准联通共建“一带一路”行动计划(2018—2020 年)》，与 49 个国家和地区签署 85 份标准化合作协议。“一带一路”税收合作长效机制日趋成熟，中国组织召开“一带一路”税收合作会议，发布《阿斯塔纳“一带一路”税收合作倡议》，税收协定合作网络延伸至 111 个国家和地区。中国与 49 个沿线国家联合发布《关于进一步推进“一带一路”国家知识产权务实合作的联合声明》。中国组织召开“一带一路”法治合作国际论坛，发布《“一带一路”法治合作国际论坛共同主席声明》。中国组织召开“一带一路”能源部长会议，18 个国家联合宣布建立“一带一路”能源合作伙伴关系。中国发布《共同推进“一带一路”建设农业合作的愿景与行动》《“一带一路”建设海上合作设想》等。中国推动建立了国际商事法庭和“一站式”国际商事纠纷多元化解决机制。

【链接】 “一带一路”大事记

2013 年 9 月，习近平访问哈萨克斯坦时提出共同建设“丝绸之路经济带”。

2013 年 10 月,习近平在印度尼西亚国会发表演讲时提出共同建设 21 世纪“海上丝绸之路”。

2013 年 12 月,习近平在中央经济工作会议上提出,推进“丝绸之路经济带”建设和建设 21 世纪海上丝绸之路。

2014 年 2 月,习近平与俄罗斯总统普京就建设“丝绸之路经济带”和“海上丝绸之路”,以及俄罗斯跨欧亚铁路与“一带一路”的对接达成共识。

2014 年 3 月,政府工作报告提出抓紧规划建设“一带一路”。

2014 年 11 月,习近平在 APEC 峰会上宣布,中国将出资 400 亿美元成立丝路基金。

2015 年 2 月,“一带一路”建设工作领导小组成员首次亮相。

2015 年 3 月,《推动共建丝绸之路经济带和 21 世纪海上丝绸之路的愿景与行动》发布。

2015 年 12 月,亚洲基础设施投资银行正式成立。

2016 年 8 月,推进“一带一路”建设工作座谈会召开。

2017 年 3 月,中国推进“一带一路”建设官方网站中国一带一路网上线。

2017 年 3 月,“一带一路”写入联合国决议。

2017 年 5 月,首届“一带一路”国际合作高峰论坛在北京举行。

2017 年 6 月,中国首提“一带一路”海上合作设想。

2017 年 7 月,亚洲金融合作协会成立。

2017 年 10 月,“一带一路”写入《中国共产党章程》。

2018 年 1 月,中拉共同发表《“一带一路”特别声明》,“一带一路”倡议正式延伸至拉美。

2018 年 6 月,《关于建立“一带一路”国际商事争端解决机制和机构的意见》印发。

2018 年 9 月,中非合作论坛北京峰会在北京举行。

2018 年 9 月,中缅签署共建中缅经济走廊的谅解备忘录。

2018 年 11 月,中新(重庆)战略性互联互通示范项目旗下的“南向通道”正式更名为“国际陆海贸易新通道”(New International Land - Sea Trade Corridor,简称陆海新通道)。

2019 年 4 月,第二届“一带一路”国际合作高峰论坛在北京召开。

二、设施联通

设施联通是共建“一带一路”的优先方向。在尊重相关国家主权和安全关切的基础上，由各国共同努力，以铁路、公路、航运、航空、管道、空间综合信息网络等为核心的全方位、多层次、复合型基础设施网络正在加快形成，区域间商品、资金、信息、技术等交易成本大大降低，有效促进了跨区域资源要素的有序流动和优化配置，实现了互利合作、共赢发展。

1. 国际经济合作走廊和通道建设取得明显进展

新亚欧大陆桥、中蒙俄、中国—中亚—西亚、中国—中南半岛、中巴和孟中印缅等六大国际经济合作走廊将亚洲经济圈与欧洲经济圈联系在一起，为建立和加强各国互联互通伙伴关系，构建高效畅通的亚欧大市场发挥了重要作用。

——新亚欧大陆桥经济走廊。5年多来，新亚欧大陆桥经济走廊区域合作日益深入，将开放包容、互利共赢的伙伴关系提升到新的水平，有力推动了亚欧两大洲经济贸易交流。《中国—中东欧国家合作布达佩斯纲要》和《中国—中东欧国家合作索菲亚纲要》对外发布，中欧互联互通平台和欧洲投资计划框架下的务实合作有序推进。匈塞铁路塞尔维亚境内贝旧段开工。中国西部—西欧国际公路（中国西部—哈萨克斯坦—俄罗斯—西欧）基本建成。

——中蒙俄经济走廊。中蒙俄三国积极推动形成以铁路、公路和边境口岸为主体的跨境基础设施联通网络。2018年，三国签署《关于建立中蒙俄经济走廊联合推进机制的谅解备忘录》，进一步完善了三方合作工作机制。中俄同江—下列宁斯阔耶界河铁路桥中方侧工程已于2018年10月完工。黑河—布拉戈维申斯克界河公路桥建设进展顺利。中俄企业联合体基本完成莫喀高铁项目初步设计。三国签署并核准的《关于沿亚洲公路网国际道路运输政府间协定》正式生效。中蒙俄（二连浩特）跨境陆缆系统已建成。

——中国—中亚—西亚经济走廊。5年多来，该走廊在能源合作、设施互联互通、经贸与产能合作等领域合作不断加深。中国与哈萨克斯坦、乌兹别克斯坦、土耳其等国的双边国际道路运输协定，以及中巴哈吉、中哈俄、中吉乌等多边国际道路运输协议或协定相继签署，中亚、西亚地区基础设施建设不断完善。中国—沙特投资合作论坛围绕共建“一带一路”倡议与沙特“2030愿景”进行产业对接，签署合作协议总价值超过280亿美元。中国与伊朗发挥在各领域的独特优势，加强涵盖道路、基础设施、能源等领域的对接合作。

——中国—中南半岛经济走廊。5年多来，该走廊在基础设施互联互通、跨境经济合作区建设等方面取得积极进展。昆（明）曼（谷）公路全线贯通，中老铁路、中泰铁路等项目稳步推进。中老经济走廊合作建设开始启动，泰国“东部经济走廊”与“一带一路”倡议加快对接，中国与柬老缅越泰（CLMVT）经济合作稳步推进。中国—东盟（10＋1）合作机制、澜湄合作机制、大湄公河次区域经济合作(GMS)发挥的积极作用越来越明显。

——中巴经济走廊。以能源、交通基础设施、产业园区合作、瓜达尔港为重点的合作布局确定实施。中国与巴基斯坦组建了中巴经济走廊联合合作委员会，建立了定期会晤机制。一批项目顺利推进，瓜达尔港疏港公路、白沙瓦至卡拉奇高速公路(苏库尔至木尔坦段)、喀喇昆仑公路升级改造二期(哈维连—塔科特段)、拉合尔轨道交通橙线、卡西姆港1320兆瓦电站等重点项目开工建设，部分项目已发挥效益。中巴经济走廊正在开启第三方合作，更多国家已经或有意愿参与其中。

——孟中印缅经济走廊。5年多来，孟中印缅四方在联合工作组框架下共同推进走廊建设，在机制和制度建设、基础设施互联互通、贸易和产业园区合作、国际金融开放合作、人文交流与民生合作等方面研拟并规划了一批重点项目。中缅两国共同成立了中缅经济走廊联合委员会，签署了关于共建中缅经济走廊的谅解备忘录、木姐—曼德勒铁路项目可行性研究文件和皎漂经济特区深水港项目建设框架协议。

2.基础设施互联互通水平大幅提升

“道路通，百业兴”。基础设施投入不足是发展中国家经济发展的瓶颈，加快设施联通建设是共建“一带一路”的关键领域和核心内容。

——铁路合作方面。以中老铁路、中泰铁路、匈塞铁路、雅万高铁等合作项目为重点的区际、洲际铁路网络建设取得重大进展。泛亚铁路东线、巴基斯坦1号铁路干线升级改造、中吉乌铁路等项目正积极推进前期研究，中国—尼泊尔跨境铁路已完成预可行性研究。中欧班列初步探索形成了多国协作的国际班列运行机制。中国、白俄罗斯、德国、哈萨克斯坦、蒙古、波兰和俄罗斯等7国铁路公司签署了《关于深化中欧班列合作协议》。截至2018年底，中欧班列已经联通亚欧大陆16个国家的108个城市，累计开行1.3万列，运送货物超过110万标箱，中国开出的班列重箱率达94%，抵达中国的班列重箱率达71%。与沿线国家开展口岸通关协调合作、提升通关便利，平均查验率和通关时间下降了50%。

——公路合作方面。中蒙俄、中吉乌、中俄(大连—新西伯利亚)、中越国际道路直达运输试运行活动先后成功举办。2018年2月，中吉乌国际道路运输实现常态化运行。中越北仑河公路二桥建成通车。中国正式加入《国际公路运输公约》(TIR公约)。中国与15个沿线国家签署了包括《上海合作组织成员国政府间国际道路运输便利化协定》在内的18个双多边国际运输便利化协定。《大湄公河次区域便利货物及人员跨境运输协定》实施取得积极进展。

——港口合作方面。巴基斯坦瓜达尔港开通集装箱定期班轮航线，起步区配套设施已完工，吸引30多家企业入园。斯里兰卡汉班托塔港经济特区已完成园区产业定位、概念规划等前期工作。希腊比雷埃夫斯港建成重要中转枢纽，三期港口建设即将完工。阿联酋哈利法港二期集装箱码头已于2018年12月正式开港。中国与47个沿线国家签署了38个双边和区域海运协定。中国宁波航交所不断完善"海上丝绸之路航运指数"，发布了16+1贸易指数和宁波港口指数。

——航空运输方面。中国与126个国家和地区签署了双边政府间航空运输协定。与卢森堡、俄罗斯、亚美尼亚、印度尼西亚、柬埔寨、孟加拉国、以色列、蒙古、马来西亚、埃及等国家扩大了航权安排。5年多来，中国与沿线国家新增国际航线1 239条，占新开通国际航线总量的69.1%。

——能源设施建设方面。中国与沿线国家签署了一系列合作框架协议和谅解备忘录，在电力、油气、核电、新能源、煤炭等领域开展了广泛合作，与相关国家共同维护油气管网安全运营，促进国家和地区之间的能源资源优化配置。中俄原油管道、中国—中亚天然气管道保持稳定运营，中俄天然气管道东线将于2019年12月部分实现通气，2024年全线通气。中缅油气管道全线贯通。

——通讯设施建设方面。中缅、中巴、中吉、中俄跨境光缆信息通道建设取得明显进展。中国与国际电信联盟签署《关于加强"一带一路"框架下电信和信息网络领域合作的意向书》。与吉尔吉斯斯坦、塔吉克斯坦、阿富汗签署丝路光缆合作协议，实质性启动了丝路光缆项目。

【新闻速览】 中俄同江铁路桥将开展铁轨铺设施工 两国再添国际运输通道

2019年，作为"一带一路"倡议与欧亚经济联盟的重要对接项目、中俄互联互通的重要基础设施，两国界河黑龙江(俄罗斯称"阿穆尔河")上，将有一座铁路桥、一座公路桥竣工通车。4月2日，中俄同江铁路桥俄方钢梁附属结构全部完工。我国东北地区和俄罗斯远东地区之间将开辟出一条新的国际运输通道。

三、贸易畅通

贸易畅通是共建"一带一路"的重要内容。共建"一带一路"促进了沿线国家和地区贸易投资自由化便利化，降低了交易成本和营商成本，释放了发展潜力，进一步提升了各国参与经济全球化的广度和深度。

1.贸易与投资自由化便利化水平不断提升

中国发起《推进“一带一路”贸易畅通合作倡议》,83个国家和国际组织积极参与。海关检验检疫合作不断深化,2017年5月首届“一带一路”国际合作高峰论坛以来,中国与沿线国家签署100多项合作文件,实现了50多种农产品食品检疫准入。中国和哈萨克斯坦、吉尔吉斯斯坦、塔吉克斯坦农产品快速通关“绿色通道”建设积极推进,农产品通关时间缩短了90%。中国进一步放宽外资准入领域,营造高标准的国际营商环境,设立了面向全球开放的12个自由贸易试验区,并探索建设自由贸易港,吸引沿线国家来华投资。中国平均关税水平从加入世界贸易组织时的15.3%降至目前的7.5%。中国与东盟、新加坡、巴基斯坦、格鲁吉亚等多个国家和地区签署或升级了自由贸易协定,与欧亚经济联盟签署经贸合作协定,与沿线国家的自由贸易区网络体系逐步形成。

2.贸易规模持续扩大

2013—2018年,中国与沿线国家货物贸易进出口总额超过6万亿美元,年均增长率高于同期中国对外贸易增速,占中国货物贸易总额的比重达到27.4%。其中,2018年,中国与沿线国家货物贸易进出口总额达到1.3万亿美元,同比增长16.4%。中国与沿线国家服务贸易由小到大、稳步发展。2017年,中国与沿线国家服务贸易进出口额达977.6亿美元,同比增长18.4%,占中国服务贸易总额的14.1%,比2016年提高1.6个百分点。世界银行研究组分析了共建“一带一路”倡议对71个潜在参与国的贸易影响,发现共建“一带一路”倡议将使参与国之间的贸易往来增加4.1%。

3.贸易方式创新进程加快

跨境电子商务等新业态、新模式正成为推动贸易畅通的重要新生力量。2018年,通过中国海关跨境电子商务管理平台零售进出口商品总额达203亿美元,同比增长50%,其中出口84.8亿美元,同比增长67.0%,进口118.7亿美元,同比增长39.8%。“丝路电商”合作蓬勃兴起,中国与17个国家建立双边电子商务合作机制,在金砖国家等多边机制下形成电子商务合作文件,加快了企业对接和品牌培育的实质性步伐。

【链接】 “一带一路”建设成果图鉴丨中欧班列发展迅速,看四川打造全面开放新格局

“一带一路”倡议提出6年来,国内各省(区、市)和企业作为参与建设的重要组成部分,积极配合,抢抓机遇,共同努力,已取得了一大批丰硕成果。四川省强化“一带一路”与长江经济带重要节点

功能,打造国际航空枢纽和国际铁路港,提升投资贸易便利化水平,构建“四向拓展、全域开放”立体全面开放新格局。

四、资金融通

资金融通是共建“一带一路”的重要支撑。国际多边金融机构以及各类商业银行不断探索创新投融资模式,积极拓宽多样化融资渠道,为共建“一带一路”提供稳定、透明、高质量的资金支持。

1.探索新型国际投融资模式

“一带一路”沿线基础设施建设和产能合作潜力巨大,融资缺口亟待弥补。各国主权基金和投资基金发挥越来越重要的作用。近年来,阿联酋阿布扎比投资局、中国投资有限责任公司等主权财富基金对沿线国家主要新兴经济体投资规模显著增加。丝路基金与欧洲投资基金共同投资的中欧共同投资基金于2018年7月开始实质性运作,投资规模5亿欧元,有力促进了共建“一带一路”倡议与欧洲投资计划相对接。

2.多边金融合作支撑作用显现

中国财政部与阿根廷、俄罗斯、印度尼西亚、英国、新加坡等27国财政部核准了《“一带一路”融资指导原则》。根据这一指导原则,各国支持金融资源服务于相关国家和地区的实体经济发展,重点加大对基础设施互联互通、贸易投资、产能合作等领域的融资支持。中国人民银行与世界银行集团下属的国际金融公司、泛美开发银行、非洲开发银行和欧洲复兴开发银行等多边开发机构开展联合融资,截至2018年底已累计投资100多个项目,覆盖70多个国家和地区。2017年11月,中国—中东欧银联体成立,成员包括中国、匈牙利、捷克、斯洛伐克、克罗地亚等14个国家的金融机构。2018年7月、9月,中国—阿拉伯国家银行联合体、中非金融合作银行联合体成立,建立了中国与阿拉伯国家之间、非洲国家之间的首个多边金融合作机制。

3.金融机构合作水平不断提升

在共建“一带一路”中,政策性出口信用保险覆盖面广,在支持基础设施、基础产业的建设上发挥了独特作用;商业银行在多元化吸收存款、公司融资、金融产品、贸易代理、信托等方面具有优势。截至2018年底,中国出口信用保险公司累计支持对沿线国家的出口和投资超过6 000亿美元。中国银行、中国工商银行、中国农业银行、中国建设银行等中资银行与沿线国家建立了广泛的代理行关系。德国商业银行与中国工商银行签署合作谅解备忘录,成为首家加入“一带一路”银行合作常态化机制的德国银行。

4.金融市场体系建设日趋完善

沿线国家不断深化长期稳定、互利共赢的金融合作关系,各类创新金融产品不断推出,大大拓宽了共建“一带一路”的融资渠道。中国不断提高银行间债券市场对外开放程度,截至2018年底,熊猫债发行规模已达2 000亿人民币左右。中国进出口银行面向全球投资者发行20亿人民币“债券通”绿色金融债券,金砖国家新开发银行发行首单30亿人民币绿色金融债,支持绿色丝绸之路建设。证券期货交易所之间的股权、业务和技术合作稳步推进。2015年,上海证券交易所、德意志交易所集团、中国金融期货交易所共同出资成立中欧国际交易所。上海证券交易所与哈萨克斯坦阿斯塔纳国际金融中心管理局签署合作协议,将共同投资建设阿斯塔纳国际交易所。

5.金融互联互通不断深化

已有11家中资银行在28个沿线国家设立76家一级机构,来自22个沿线国家的50家银行在中国设立7家法人银行、19家外国银行分行和34家代表处。2家中资证券公司在新加坡、老挝设立合资公司。中国先后与20多个沿线国家建立了双边本币互换安排,与7个沿线国家建立了人民币清算安排,与35个沿线国家的金融监管当局签署了合作文件。人民币国际支付、投资、交易、储备功能稳步提高,人民币跨境支付系统(CIPS)业务范围已覆盖近40个沿线国家和地区。中国—国际货币基金组织联合能力建设中心、“一带一路”财经发展研究中心挂牌成立。

【新闻速览】　亚投行在伦敦发行25亿美元5年期全球债券　首次踏入全球资本市场

亚投行9日发布公告公布其首只全球债定价,此次发行的债券为25亿美元5年期全球债券,年利率为2.25%,债券将在伦敦证券交易所上市。穆迪、惠誉和标普都给予这只债券3A评级。截至伦敦时间5月9日下午,该债券吸引27个国家进行认购,认购金额超过44亿美元,远远超过计划发行规模。

亚投行行长金立群接受新华社专访时表示,“我们成功地发行了第一次全球美元债,受到了投资者热烈欢迎。”从投资者分布看,49%的投资者来自亚洲,这凸显出亚洲投资者对于亚投行理念与行动的高度认可。

五、民心相通

民心相通是共建“一带一路”的人文基础。享受和平、安宁、富足，过上更加美好生活，是各国人民的共同梦想。5年多来，各国开展了形式多样、领域广泛的公共外交和文化交流，增进了相互理解和认同，为共建“一带一路”奠定了坚实的民意基础。

1.文化交流形式多样

中国与沿线国家互办艺术节、电影节、音乐节、文物展、图书展等活动，合作开展图书广播影视精品创作和互译互播。丝绸之路国际剧院、博物馆、艺术节、图书馆、美术馆联盟相继成立。中国与中东欧、东盟、俄罗斯、尼泊尔、希腊、埃及、南非等国家和地区共同举办文化年活动，形成了“丝路之旅”“中非文化聚焦”等10余个文化交流品牌，打造了丝绸之路（敦煌）国际文化博览会、丝绸之路国际艺术节、海上丝绸之路国际艺术节等一批大型文化节会，在沿线国家设立了17个中国文化中心。中国与印度尼西亚、缅甸、塞尔维亚、新加坡、沙特阿拉伯等国签订了文化遗产合作文件。中国、哈萨克斯坦、吉尔吉斯斯坦“丝绸之路：长安—天山廊道的路网”联合申遗成功。“一带一路”新闻合作联盟建设积极推进。丝绸之路沿线民间组织合作网络成员已达310家，成为推动民间友好合作的重要平台。

2.教育培训成果丰富

中国设立“丝绸之路”中国政府奖学金项目，与24个沿线国家签署高等教育学历学位互认协议。2017年沿线国家3.87万人接受中国政府奖学金来华留学，占奖学金生总数的66.0%。香港、澳门特别行政区分别设立共建“一带一路”相关奖学金。在54个沿线国家设有孔子学院153个、孔子课堂149个。中国科学院在沿线国家设立硕士、博士生奖学金和科技培训班，已培训5 000人次。

3.旅游合作逐步扩大

中国与多个国家共同举办旅游年，创办丝绸之路旅游市场推广联盟、海上丝绸之路旅游推广联盟、“万里茶道”国际旅游联盟等旅游合作机制。与57个沿线国家缔结了涵盖不同护照种类的互免签证协定，与15个国家达成19份简化签证手续的协定或安排。2018年中国出境旅游人数达1.5亿人次，到中国旅游的外国游客人数达3 054万人次，俄罗斯、缅甸、越南、蒙古、马来西亚、菲律宾、新加坡等国成为中国主要客源市场。

4.卫生健康合作不断深化

自首届“一带一路”国际合作高峰论坛召开以来，中国与蒙古、阿富汗等国，世界卫生组织等国际组织，比尔及梅琳达·盖茨基金会等非政府组织相继签署了56个推动卫生健康合作的协议。2017 年 8 月，“一带一路”暨健康丝绸之路高级别研讨会在北京召开，发布了《北京公报》。中国与澜沧江—湄公河国家开展艾滋病、疟疾、登革热、流感、结核病等防控合作，与中亚国家开展包虫病、鼠疫等人畜共患病防控合作，与西亚国家开展脊髓灰质炎等防控合作。中国先后派出多支眼科医疗队赴柬埔寨、缅甸、老挝、斯里兰卡等国开展“光明行”活动，派遣短期医疗队赴斐济、汤加、密克罗尼西亚、瓦努阿图等太平洋岛国开展“送医上岛”活动。在 35 个沿线国家建立了中医药海外中心，建设了 43 个中医药国际合作基地。

5. 救灾、援助与扶贫持续推进

首届“一带一路”国际合作高峰论坛以来，中国向沿线发展中国家提供 20 亿人民币紧急粮食援助，向南南合作援助基金增资 10 亿美元，在沿线国家实施了 100 个“幸福家园”、100 个“爱心助困”、100 个“康复助医”等项目。开展援外文物合作保护和涉外联合考古，与 6 国开展了 8 个援外文物合作项目，与 12 国开展了 15 个联合考古项目。中国向老挝等国提供地震监测仪器设备，提高防震减灾能力。中国在柬埔寨、尼泊尔开展社会组织合作项目 24 个，助力改善当地民众生活。

【链接】　丝路问答：“一带一路”对咱百姓有啥好处？

“一带一路”倡议提出以来，中国与不少沿线国家深入合作，开创了一条互联互通的共赢之路。那对于咱老百姓来讲，这会是条什么样的路呢？来不及解释了，赶快上车吧！

第二节　展望未来，精雕“工笔画”

“过去几年共建‘一带一路’完成了总体布局，绘就了一幅‘大写意’，今后要聚焦重点、精雕细琢，共同绘制好精谨细腻‘工笔画’。”“一带一路”合作在过去 6 年取得了显著进展，同时可采取更多举措，取得更多务实成果，确保有关合作走深走实、行稳致远。

一、强化“一带一路”合作的多边属性

共商共建共享原则本质上要求以多边方式开展合作。多边化有助于扩大“一带一路”合作支持面，增强所有合作伙伴的归属感。为此，应加强“一带一路”倡议同各国、区域和

全球层面的发展战略或规划对接，包括联合国2030年可持续发展议程、非盟2063年议程、欧亚经济联盟的发展计划、东盟互联互通总体规划2025、亚太经合组织互联互通蓝图、欧盟欧亚互联互通战略等。此外，在多边属性的基础上坚持开放、包容和透明原则，有利于增强"一带一路"合作对潜在合作伙伴的吸引力。"一带一路"合作应欢迎所有感兴趣的国家以双边、三边或多边形式参与，向包括政府、企业、金融机构和国际组织在的利益攸关方开放，实现优势互补、资源共享。

【链接】 联合国2030年可持续发展议程

联合国193个会员国在2015年9月举行的历史性首脑会议上一致通过了可持续发展目标，这些目标述及发达国家和发展中国家人民的需求并强调不会落下任何一个人。新议程范围广泛且雄心勃勃，涉及可持续发展的三个层面：社会、经济和环境，以及与和平、正义和高效机构相关的重要方面。该议程还确认调动执行手段，包括财政资源、技术开发和转让以及能力建设，以及伙伴关系的作用至关重要。

这17个可持续发展目标是：

目标1.在全世界消除一切形式的贫困

目标2.消除饥饿，实现粮食安全，改善营养状况和促进可持续农业

目标3.确保健康的生活方式，促进各年龄段人群的福祉

目标4.确保包容和公平的优质教育，让全民终身享有学习机会

目标5.实现性别平等，增强所有妇女和女童的权能

目标6.为所有人提供水和环境卫生并对其进行可持续管理

目标7.确保人人获得负担得起的、可靠和可持续的现代能源

目标8.促进持久、包容和可持续的经济增长，促进充分的生产性就业和人人获得体面工作

目标9.建造具备抵御灾害能力的基础设施，促进具有包容性的可持续工业化，推动创新

目标10.减少国家内部和国家之间的不平等

目标11.建设包容、安全、有抵御灾害能力和可持续的城市和人类住区

目标12.采用可持续的消费和生产模式

目标13.采取紧急行动应对气候变化及其影响*

目标14.保护和可持续利用海洋和海洋资源以促进可持续发展

目标15.保护、恢复和促进可持续利用陆地生态系统,可持续管理森林,防治荒漠化,制止和扭转土地退化,遏制生物多样性的丧失

目标16.创建和平、包容的社会以促进可持续发展,让所有人都能诉诸司法,在各级建立有效、负责和包容的机构

目标17.加强执行手段,重振可持续发展全球伙伴关系

《2030年可持续发展议程》于2016年1月1日正式启动。新议程呼吁各国现在就采取行动,为今后15年实现17项可持续发展目标而努力。《2030年可持续发展议程》(A/RES/70/1)于2016年在联合国大会第七十届会议上通过。

二、加强贸易和投资自由化便利化,促进构建开放型世界经济

开放、包容、联动的世界经济符合各国利益,“一带一路”合作应继续坚定支持多边主义,维护以世界贸易组织为核心、以规则为基础的多边贸易体制,促进自由开放的贸易和投资,反对一切形式的保护主义。

为此,促进贸易畅通应继续成为未来“一带一路”合作的重点之一。鼓励合作伙伴建立自贸安排,降低贸易成本,消除边境上和边境后贸易投资壁垒,创造良好的营商环境。考虑到数字科技在促进贸易和投资方面的变革性作用,各国应进一步利用数字经济和电子商务的潜能,实现更加强劲的经济增长。

【理论探索】　多边贸易体制

1995年1月1日世界贸易组织的建立,标志着自第二次世界大战以来国际贸易体制最大的改革。世贸组织是处理各国及单独关税区之间贸易规则的唯一国际组织,而世贸组织协议则为国际贸易提供法规。

世界贸易组织采取“多边贸易体制”。多边贸易体制最重要的目的是在不产生不良负面影响的情况下,使贸易尽可能自由地流动。这一方面意味着消除壁垒,另一方面意味着保证个人、公司和政府了解世界上的贸易规则是什么,并使他们相信,政策不会发生突然的变化。《WTO协议》是涵盖范围广泛的各项活动的法律文本,冗长而复杂。但几个简单而根本的原则贯穿于所有这些文件,构成了多边贸易体制的基础。

一是非歧视性,即一国不应在其贸易伙伴之间造成歧视,它们都被平等地给予“最惠国待遇”;也不应在本国和外国的产品、服务或人员之间造成歧视,要给予其“国民待遇”。

二是更自由的贸易,即通过谈判不断减少贸易壁垒,这些壁垒包括关税、进口禁令或

进口配额等有选择地限制数量的措施，以及繁文缛节、汇率政策等其他问题。

三是可预见性，在世贸组织中越来越多的关税税率和市场规则受到约束，外国公司、投资者和政府应相信贸易壁垒不会随意增加。

四是促进公平竞争。不鼓励“不公平的”做法，如出口补贴和为获得市场份额而以低于成本的价格倾销产品。

五是鼓励发展和经济改革，给予欠发达国家更长的调整时间、更多的灵活性和特殊权利。

三、加强“硬联通”的同时促进“软联通”

正如电脑没有软件就无法运行一样，“软联通”是全面互联互通不可分割的一部分，是基础设施硬联通的基础。

虽然设施联通对促进经济增长作用显著，但由于各国在规则、标准、法律法规和海关程序等方面的差异，其潜力尚未完全释放。鉴此，应以各国法律法规为基础，在上述领域加强协调统一，采用国际上广泛接受的规则、惯例、技术标准和最佳实践，进一步加强“软联通”。海关合作可减少跨国贸易的时间、成本和不确定性，是贸易便利化的关键内容之一。鼓励合作伙伴在边境清关、信息互换、简化海关和过境手续等方面提高通关便利化水平。加强监管和标准的协调统一也是合作重点之一。鼓励合作伙伴在基础设施、设备、贸易、环境和金融等领域推动信息互换、标准互认。

四、推进项目合作，取得更多务实成果

推进务实项目合作对于“一带一路”合作取得更多成果至关重要。作为传统双边合作的有益补充，应进一步拓展有不同国家实质参与的三方合作或第三方市场合作，打造更广泛的伙伴关系，加强各施所长的专业合作，建设更好的项目。中法在2015年首次提出的“一带一路”三方合作模式近期被广泛接受并形成势头，包括德国、英国、西班牙、葡萄牙、新加坡、韩国、日本在内的10个国家正参与此类合作。三方合作有望为各国参与“一带一路”带来更大的灵活性和更广阔的空间。借助各国在产能、项目实施和先进技术方面的比较优势，有关合作可以为项目实施国提供高效率、高性价比、高质量的解决方案，造福项目所在国，尤其是发展中国家。

“一带一路”合作应重视项目质量，使其对发展的促进作用达到最优效果。呼吁各方努力建设高质量、可靠、抗风险、可持续包括环境可持续的基础设施，确保基础设施项目价格合理、包容可及、广泛受益，推动发展中国家工业化进程和融入全球价值链。

【新闻速览】　中英签署《关于开展第三方市场合作的谅解备忘录》

6月17日，第十次中英财金对话期间，发展改革委宁吉喆副主任与英国国际贸易部投资部长斯图尔特在胡春华副总理和英国财政大臣哈蒙德的见证下签署中英《关于开展第三方市场合作的谅解备忘录》。继法国、意大利、奥地利等国之后，英国成为与中国正式开展第三方市场合作的欧洲又一重要国家。根据该备忘录，双方将积极推动中英两国企业、机构按照企业主体、市场原则在第三方市场开展务实合作，并重点推动基础设施领域的投融资合作项目。

【拓展阅读】　第三方市场合作能够实现1+1+1>3效果

五、加强产业合作，促进非洲工业化

产业合作是“一带一路”合作的重要组成部分，可将基础设施互联互通在工业化和经济增长方面的催化效应转化为切实成果。近年，一大批工业园区已经建成并取得积极成果。鉴于发展中国家尤其是非洲国家的工业化需求，通过进一步加强产业合作和开展能力建设，帮助这些国家融入并提升在全球产业链、价值链和供应链中的地位，促进非洲国家实现可持续的工业化，为经济长期发展提供动力，解决发展赤字问题。

鉴于新工业革命对提升生产力和竞争力的深远影响，产业合作应抓住新工业革命特别是新兴数字经济的机遇，从科技创新中获益。在此方面，加强全球数字基础设施互联互通，帮助发展中国家开展能力建设，缩小数字鸿沟，打造数字丝绸之路。

【新闻速览】　大数据国际合作向“一带一路”延伸

2019中国国际大数据产业博览会(简称数博会)26日至29日在此间举行，参展企业达到448家，其中境外企业达到156家。值得一提的是，30个“一带一路”沿线国家和地区参与其中。

“数字丝绸之路正在从理念转化为行动，从愿景转变为现实，越来越多的‘一带一路’沿线国家开始通过共建数字丝绸之路，在网络基础设施、网络安全、先进制造、国际贸易、金融、医疗、教育等更多领域加深大数据应用合作，共享数字化经济成果。”中国工业和信息化部工业文化发展中心主任罗民在"'一带一路'大数据创新创业合作论坛"上表示。

【拓展阅读】 全球产业链变局

六、扩大和利用多元化融资渠道

多项研究强调了基础设施投资存在的缺口，扩大项目融资支持十分重要。作为传统融资来源，公共投资在基础设施投资方面的作用难以取代。同时，为了给项目提供长期、可持续的金融支持，吸引多边开发银行、国际和本地金融机构以及私营部门参与，通过共同融资、公私合营模式(PPP)等方式进行投资也非常重要。

(1)确保项目的经济、社会、财政、金融和环境可持续性，符合当地法律法规，采用普遍接受的国际规则和标准；

(2)通过成立"一带一路"绿色发展国际联盟、落实《巴黎协定》和加强绿色融资包括发行绿色债券等，打造绿色丝绸之路，实现生态可持续发展；

(3)打造廉洁丝绸之路，以"零容忍"的态度、"零漏洞"的制度、"零障碍"的合作，根除腐败行为。

鼓励金融机构提供更多创新型融资模式、渠道、工具和服务，包括加强风险管控和保险，推动更多可融资的项目。基础设施项目具有资本集中度高、初始成本高、流动性差、资产生命周期长的特点，前期难以形成正向现金流，项目进入实施阶段后方能产生稳定现金流。鼓励金融监管机构支持金融行业将基础设施作为独立资产类别，这有利于撬动更多私人资本进行基础设施投资。同时，鼓励多边发展机构和其他国际机构加强对互联互通项目的支持，并与"一带一路"合作伙伴分享经验。

【链接】 "一带一路"数据观丨中企参与"一带一路"建设热情高涨　民企占半壁江山

报告显示，影响力排名前50名的企业中，民营企业占42%，央企和地方国企分别占36%和20%。国家发改委西部开发司巡视员欧晓理指出，在"一带一路"建设上，民企是主力军也是生力军。在不同领域，国企和民企有着各自不同的优势，比如在基础设施建设这种重资产的领域，国企力量有优势，在产业园区的建设等方面，民企的优势更大。

七、加强“一带一路”合作品牌建设

“一带一路”合作仍面临一些误解和误读,必须加强品牌建设,获取更多民众的支持,树立各方的信心,解决不同利益攸关方的关切。要确保“一带一路”项目的高质量、可持续、经济可行和包容性,使项目成果与“一带一路”的愿景相匹配。

加强品牌建设要努力打造一批示范项目,其中既包括从根本上促进参与国社会经济发展的标志性项目,也要包括一些速效项目,让当地民众在短期内感受到“一带一路”合作带来的切实好处,提升当地社区的获得感,树立“一带一路”项目的良好声誉,避免因误解对扩大合作造成障碍。

加强品牌建设要改进“一带一路”项目的宣介工作。建议包括政府、私营部门、民间社会、非政府组织和学术界在内的各方,通过宣传成功案例和示范项目,分享项目经验和教训,共同提高民众对“一带一路”合作的认识。对项目的全生命周期发展脉络进行完整宣介很重要,有助于消除误解,清晰、全面地展示“一带一路”合作成果的积极影响。此外,也鼓励就“一带一路”合作开展专题研究。

世界潮流浩浩荡荡。共建“一带一路”倡议顺应历史大潮,所体现的价值观和发展观符合全球构建人类命运共同体的内在要求,也符合沿线国家人民渴望共享发展机遇、创造美好生活的强烈愿望和热切期待。毋庸置疑,随着时间的推移,共建“一带一路”将进一步彰显出强大的生命力和创造力。通过布局开篇的“大写意”和精耕细作的“工笔画”,共建“一带一路”将久久为功,向高质量高标准高水平发展,为建设一个持久和平的世界,建设一个普遍安全的世界,建设一个共同繁荣的世界,建设一个开放包容的世界,建设一个清洁美丽的世界,最终实现构建人类命运共同体的美好愿景做出更大贡献。

【推荐阅读】

关于“一带一路”的 15 个认知误区。

【思考题】

1. 目前 140 多个国家和国际组织同中国签署“一带一路”合作协议。短短几年间,为何“一带一路”倡议应者云集?

2. 为何说“一带一路”建设是构建人类命运共同体的伟大实践?

专题八　治蜀兴川：全面推动高质量发展

我国经济已由高速增长阶段转向高质量发展阶段，四川发展站在了新起点上，正处于转型发展、创新发展、跨越发展的关键时期。

推动四川高质量发展，必须坚持问题导向。

推动四川高质量发展，必须全面落实新发展理念，实施“一干多支”发展战略，对内形成“一干多支、五区协同”区域协调发展格局，对外形成“四向拓展、全域开放”立体全面开放格局，奠定经济强省坚实基础。

第一节　全面推动四川高质量发展

2018年6月29日—30日，中国共产党四川省第十一届委员会第三次全体会议在成都胜利召开。这是四川在转型发展、创新发展、跨越发展关键时期召开的一次重要会议。会议通过了《中共四川省委关于深入学习贯彻习近平主席对四川工作系列重要指示精神的决定》和《中共四川省委关于全面推动高质量发展的决定》。

在全面推动高质量发展的重大战略部署中，“一干多支、五区协同”、“四向拓展、全域开放”、构建具有四川特色优势现代产业体系等，与我们学校专业学习及今后就业有着极为重要的关系，值得重点解读。

实施“一干多支”发展战略的重大部署，就是要深入贯彻落实习近平主席关于“推动城乡区域协调发展”等重要指示，着力解决我省发展不平衡不充分等问题，推进“主干”引领带动、“多支”竞相发展、“干”“支”协同联动，构建“一干多支、五区协同”区域发展新格局，推动全省整体经济实力提升。

“四向拓展、全域开放”立体全面开放新态势的重大部署，确立突出南向、提升东向、深化西向、扩大北向战略方针，就是要深度融入“一带一路”建设、长江经济带发展等国家战略，对接先进生产力、拓展发展新空间，不断提升我省对外开放合作水平。

构建具有四川特色优势现代产业体系的重大部署，就是要加快发展电子信息、装备制造、食品饮料、先进材料、能源化工和数字经济“5＋1”产业，为我省转型发展、创新发展、跨越发展提供强力支撑。

一、“一干多支、五区协同”

四川是西部地区重要大省，在全国发展大局中具有重要地位。2017年，全省经济总量达到3.69万亿元，居全国第6位；成都经济总量达到1.39万亿元，在副省级城市中排名全国第三、西部第一，具备集聚国内外优质资源能力；绵阳、南充、泸州、宜宾迈入百万人口城市行列，经济总量过千亿的市（州）达到16个，绵阳突破2 000亿元。

但是四川区域发展仍然不平衡，首位城市成都与其他市（州）相比体量相差悬殊，排名第一的成都市经济总量是排名第二的绵阳市的6.7倍。成都平原经济区8市以占全省17.8％的面积，承载了全省45.8％的人口，贡献了60.6％的经济总量；而“三州”地区占全省面积的60.3％，人口只占8.4％，经济总量占5.3％。发展不充分主要表现为经济总量居全国前列但人均排位相对靠后，大而不强。这种情况既是四川特殊自然地理条件造成的，也是长期历史发展形成的。

从区域经济发展一般规律看，当一个地区城镇化率达到50%以后，区域经济的空间形态将逐步迎来由“虹吸集聚”向“辐射扩散”发展的拐点。2017年，四川城镇化率达到50.4%，正处于优化经济地理、重塑区域经济版图的重要机遇期。在这个“窗口期”谋划推动区域协同发展，破解发展不平衡不充分的问题重要性凸显。

构建“一干多支、五区协同”区域发展新格局的战略部署，目的是加大统筹区域发展力度，推进“主干”引领带动、“多支”竞相发展、“干”“支”协同联动，更好实现各区域优势互补、错位发展、同频共振，推动高质量发展，整体提升全省综合实力。

1.“一干”的内涵

“一干”是什么？就是要做强“主干”，支持成都加快建设全面体现新发展理念的国家中心城市，充分发挥引领辐射带动作用。成都要重点围绕建设全面体现新发展理念的国家中心城市这个定位，加快建设“五中心一枢纽”，高标准建设天府新区，高起点建设天府国际机场和国际空港新城，增强对国际国内高端战略资源的集聚集成能力，增强对全省其他区域的引领辐射带动能力。

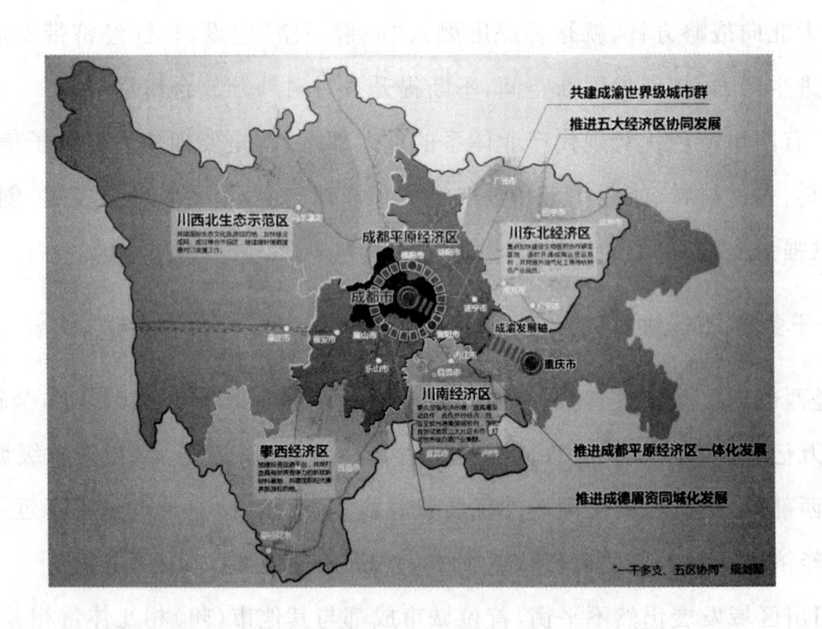

【拓展阅读】 五中心一枢纽

建设全国重要的经济中心：重点打造电子信息、汽车、生物医药、航空航天、智能制造、轨道交通六大主导产业核心区和老城片区、天府新区、空港新城三大现代服务业核心区，加快推进电子信息产业功能区、成都医学城、锦城文化圈、成都芯谷、紫光小镇等重大项目，推动建设国家重要的先进制造业城市、国家服务业核心城市和国家都市现代农业示范城市。

建设全国重要的科技中心：系统推进全面创新改革"一号工程"，积极争创综合性国家科学中心，深入实施成都科学城、鹿溪智谷、独角兽岛、云锦天府、无线谷等重大项目，加快建设国家创新型城市和具有国际影响力的区域创新创业中心。

建设全国重要的金融中心：加快建设老城金融服务区、成都金融城、天府商务区，着力推进金融高科技园区、天府国际基金小镇、环西南财大财经智谷等重大项目，强化自贸试验区金融创新与金融中心建设联动，全面提升金融服务实体经济的能力。

建设全国重要的文创中心：优化提升"双核两带十九片"空间布局，高质量发展"老成都、蜀都味、国际范"的文创街区和文创小镇，高水平推进天府锦城、天府自然博物馆、天府文化国际中心、少城国际文创硅谷等重大项目。

建设全国重要的对外交往中心：全面提高中德、中法、中意、中韩、新川等国别园区的合作层级，争取设立内陆自由贸易港，加快推进青白江欧洲城、跨境电商综合试验区、国际足球中心、中德国际学院等重大项目。

建设国际综合交通通信枢纽：要聚焦提升交通通信互联互通能力，依托"一市两场"、国际铁路港、国家通用航空综合示范区、临空经济区等空间载体，推进天府国际机场、高速公路环线、国家级互联网骨干直联点等重大项目。

【新闻速览】　成都天府国际空港新城重点签约项目 64 个，协议总投资超 1 600 亿

2018 年，是成都天府国际空港新城"基础设施建设年"，空港新城以未来科技产业园、航空科创产业园、数字经济产业园、航空智慧物流产业园及奥体产业园 5 个产业社区为抓手，坚持精细化方式招大引强。截至目前累计入库项目 246 个，签约项目 64 个，协议总投资 1627 亿元，到位内资 40.57 亿元、外资 3300 万美元，加快推进空港新城建设。

2."多支"的内涵

"多支"是什么？发展"多支"，就是要积极培育更多经济增长极，打造各具特色的区域经济板块，推动环成都经济圈、川南经济区、川东北经济区、攀西经济区、川西北生态示范区竞相发展，形成四川区域发展多个支点支撑的局面。

(1)环成都经济圈。环成都经济圈包括绵阳、德阳、乐山、眉山、遂宁、资阳、雅安 7 市。环成都经济圈要主动融入成都，统筹产业和服务功能布局，实现错位互补、有机融合、一体发展，推动内圈城市与成都同城发展，着力构建成渝最便捷交通走廊，建设创新驱动、高端引领的现代经济集中发展区，围绕成都"主干"共同打造西部地区最具活力、最具优势的现代化城市群，带动其他经济区梯次发展。

【链接】 成都与环成都经济圈7市动作频频　来看详细

新年伊始，成都与环成都经济圈7市动作频频——

八市看动作

成都：提出将深入推进成德眉资发展规划、基础设施等同城化

德阳：今年将与成都共同编制成德同城化发展规划

绵阳：积极推进与成都建立跨区域建设投资项目成本共担和利益共享机制

眉山：将人才待遇、服务环境设定高标准，作为成眉同城化突破口

乐山：积极推进特色农产品进入成都市场

资阳：将成资同城化正式确定为2019年"头号工程"

遂宁：和成都签订21个投资合作协议

雅安：提出要形成"融入成都、协同周边"发展新态势

……

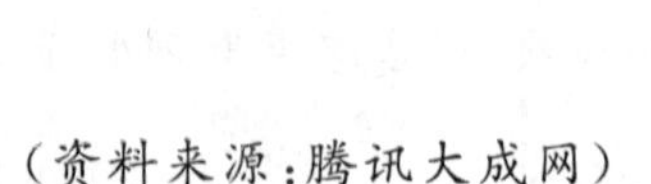

（资料来源：腾讯大成网）

(2)川南经济区。川南经济区包括自贡、泸州、内江、宜宾4市，28个县(区)。川南经济区要主动承担全省南向开放主战场重任，建设全国性综合交通枢纽，加快发展临港经济和通道经济，培育优势产业集群，打造全省第二经济增长极，建设南向开放重要门户和川渝滇黔结合部区域经济中心。

【拓展阅读】 川南经济区

川南五市幅员近5万平方公里，人口2 100万占全省二成多，经济总量约占全省的二成(2010年统计数据)，而泛川南片区幅员超过30万平方公里，涵盖6 000万人。川南是四川省人口密度较高、经济实力较强、工业化进程较快、城镇化水平较高的区域。处于成渝经济区的南翼，是中国城市化格局中第二横和第三纵的交叉地带，鉴于该区域已有的产业基础、区位优势和资源禀赋，只要把握机遇，川南地区能够在建设西部经济发展高地中

实现异军突起、跨越发展，进而成为四川省经济发展新的增长极。

【新闻速览】　走进遂宁感受实实在在"无中生有"的绿色经济发展

遂宁"无中生有"发展电子产业，就是充分发挥劳动力资源丰富的优势，大力承接东部电子产业向西部转移的成功例子。

(3)川东北经济区。川东北经济区包括南充、达州、广安、广元、巴中等五市。今日四川印发《川东北经济区"十三五"发展规划(2018年修订)》，将突出南充和达州双核带动作用，发挥广元、广安、巴中重要支撑作用，着力构建"双核三带"的总体发展格局。"双核"即以南充、达州为区域中心，"三带"即南达、广(元)巴达、嘉陵江三条城镇发展带。在交通建设上，开工建设成南达万高铁、汉巴南铁路巴中至南充段；加快绵阳至西充、营山至达州、巴中至万源等高速公路建设，开展川东北城际铁路规划研究工作。同时要壮大能源化工、生态文化旅游等优势特色产业，特别是在生态文化旅游产业上，推出一批旅游精品线路，规划建设一批区域性旅游精品线路和流域性旅游整体开发项目，加快融入大蜀道三国文化生态旅游目的地、大巴山国际旅游目的地、大成都、大九寨全省旅游发展格局。

(4)攀西经济区。攀西经济区包括攀枝花市和凉山州2个市(州)。攀西经济区拥有得天独厚的水能、钒钛、稀土等资源，形成了初步的工业基础和交通主骨架，是四川省开发潜力巨大的经济区域。

未来，攀西经济区将加快推进战略资源创新开发，以钒钛、稀土等战略资源利用为核心，以科技攻关为重点，围绕国防军工、海洋工程、新能源等重大领域和产业转型消费升级新需求，突破资源综合利用关键核心技术，加强资源综合利用，发展精深加工和终端应用产品，建成世界级钒钛产业基地、国家重要的稀土研发制造基地。并将积极融入"一带一路"建设和长江经济带发展，依托出川大通道，突出南向，深化与粤港澳大湾区、北部湾经济区合作，参与中国——东盟框架合作、孟中印缅等国际经济走廊建设，对接南亚、东南亚23亿人口国际大市场；加快推进沿金沙江重大交通基础设施建设，打通连接长江中下游地区的开放通道，改善对外开放条件，建设成对云南、面向东盟的重要门户。

同时，攀西经济区将加快构建综合交通运输体系，围绕构建"四向八廊"战略性综合交通走廊和国际经济走廊，加快畅通成都经攀西至东盟国际运输大通道与沿金沙江综合交通运输通道。完善内部交通网络，联动攀枝花和西昌，加快建设攀枝花全国性综合交通枢纽，打造川滇黔结合部重要的交通枢纽和物流基地，打通四川省通往东南亚的南向门户。

【拓展阅读】 建设四川南向开放门户 攀西经济区未来将要这么做！

四川发布客户端消息近日，四川印发《攀西经济区"十三五"发展规划(2018年修订)》(以下简称《规划》)。《规划》提出，到2020年，攀西经济区地区生产总值力争达到3500亿元，成为全省重要的新兴增长极，打造川滇结合部区域经济中心。

《规划》指出，攀西经济区将按照主体功能定位、现有发展基础和资源环境承载能力，充分对接"一带一路"建设和长江经济带发展战略，构建"一区两核两带"的总体空间格局。

……

(5)川西北生态示范区。川西北生态示范区包括阿坝藏族羌族自治州和甘孜藏族自治州两个市(州)，31个县(市、区)，区域面积23.26万平方公里。占全省的47.9%。突出生态优先、绿色发展，以基础设施改善提升为先导，以发展全域旅游为主线，以保障和改善民生为出发点和落脚点，加强政策设计和体制机制创新，把资源优势转化为经济发展优势，统筹推进国家生态建设示范区、国际生态文化旅游目的地、国家级清洁能源基地和现代高原特色农牧业基地建设，探索走出一条适合高原藏区特点的高质量发展之路。

3."五区协同"的内涵

"五区协同"是什么呢？指的是强化统筹成都平原经济区(含成都和环成都经济圈)、川南经济区、川东北经济区、攀西经济区、川西北生态示范区协同发展。推动成都与环成都经济圈协同发展，推动"三州"与内地协同发展，推动区域内各市(州)之间协同发展。

在这里，特别需要注意的是，在"一干多支"中，环成都经济圈与成都区分开来，作为多支中独立的一支，而在"五区协同"中，环成都经济圈与成都一道，共同组成成都平原经济区。

如果说"一干多支、五区协同"是着重就四川省内区域发展布局而言的，那么，"四向拓展、全域开放"则是对四川对外开放格局的总体谋划，事关全局的战略考虑和长远之计。

二、"四向拓展 全域开放"

省委十一届三次全会提出，大力实施全面开放合作战略，形成"四向拓展、全域开放"立体全面开放新态势。怎么理解"四向拓展、全域开放"？将为我省带来怎样的变化？

当前，四川正面临难得的历史机遇，"一带一路"建设、长江经济带发展、新一轮西部开发开放等国家战略的实施,把西部内陆地区推向了开放前沿。这些年来,四川对外开放有长足发展,也还存在不少问题和短板。突出表现在开放型经济发展不充分、开放发展通道平台不足、开放意识和能力有待提升等。正是基于对发展大势的深刻把握,坚持问题导向,着眼破解难题、补齐短板,省委全会作出推动“四向拓展、全域开放”的战略部署。

推动“四向拓展、全域开放”,形成立体全面开放新态势,既是落实习近平主席关于“推动内陆和沿海沿边沿江协同开放,打造立体全面开放格局”要求的重大举措,也是对接先进生产力、不断拓展发展新空间的现实需要。通过东联西延、南北突进,把“四向拓展”这篇文章做好了,我省立体全面开放这盘棋就走活了,就能在融入国家开放战略中发挥更大作用、在推动高质量发展中拓展更大空间。

立体全面开放格局怎么构建?

四川省将从深入推进全面开放合作、强力推动开放大通道建设、着力打造高水平开放平台、大力提升开放型经济水平四个方面着手。

第一,深入推进全面开放合作。突出南向、提升东向、深化西向、扩大北向,既考虑全面又突出重点,四个方向并不是平均用力,而是各有侧重,特别是把南向和东向摆在了现阶段的突出位置。

第二,强力推动开放大通道建设。重点推进成都经自贡至宜宾和成都经南充至达州(万州)两条350公里时速的高速铁路建设,协同推进万州港建设。加快天府国际机场建设,推进天府国际机场和双流国际机场“两场一体”运营,增加成都至欧美、南亚、东南亚航线。

第三,着力打造高水平开放平台。高质量建设中国(四川)自由贸易试验区,积极争取建设内陆自由贸易港。务实建设国别合作园区,突出特色打造中法生态园,推动中德、中韩、新川等园区实质性建设,规划建设东盟产业园。

第四,大力提升开放型经济水平。加快贸易强省建设,推动更大规模川货出川。建设国际产能合作示范省,支持有条件的企业“走出去”,大力推动四川制造、产品、技术、标准、品牌链条式“走出去”,支持冶金、建材等产业开展国际产能合作,鼓励油气、电站、路桥、通讯等领域开展对外工程承包,支持有实力的企业建设境外产业园区。

【新闻速览】 四向拓展、全域开放,加快构建立体全面开放格局

省委十一届三次全会提出,大力实施全面开放合作战略,形成

“四向拓展、全域开放”立体全面开放新态势。怎么理解“四向拓展、全域开放”？将为我省带来怎样的变化？

总之，通过东联西延、南北突进，把“四向拓展”这篇文章做好了，那么我省立体全面开放这盘棋就走活了，就能在“一带一路”建设中发挥更大作用。

三、“5＋1”现代产业体系

“5＋1”现代产业体系就是指以电子信息、装备制造、食品饮料、先进材料、能源化工5个万亿级支柱产业和数字经济为主体的产业体系。

电子信息产业，是四川最有可能率先突破万亿元大关产业。接下来，我们要瞄准世界先进水平，积极培育5G、智能穿戴设备等发展潜力巨大的产业，加快建成全球重要的电子信息产业基地。

装备制造业，四川是军工大省，优势明显。我们要抓好航空与燃机、轨道交通、节能环保装备等高端装备制造业发展，着力培育一批中高端新能源汽车品牌，加快建设具有国际影响力的高端装备制造基地。

食品饮料业，川酒、川茶、川菜、川果、川药等一直是四川引以为豪的物产。我们要大力实施“川酒振兴计划”，使“六朵金花”重放光彩。加快建设“中国白酒金三角”和重要的食品饮料生产基地。

先进材料，四川具备丰富的钒钛、稀土、锂矿、石墨等战略资源，在先进材料产业潜力巨大。我们当然要大力发展先进化工材料、先进建筑材料、钒钛钢铁稀土等重点产业，加快建设国家重要的新材料产业基地。

能源化工，四川也是全国最大清洁能源基地，水电资源、天然气储量也很丰富。我们要加快建设国家重要的优质清洁能源基地和精细化工生产基地。

再来说“1”。这个“1”，就是“数字经济”。

目前，四川省数字经济规模已经超过1万亿元，并且保持高速增长态势。数字经济具有很强的渗透性和融合性，是实体经济转型升级的“催化剂”和“加速器”，可以和众多产业进行嫁接，催生出新的产业和新的业态。

【新闻速览】 四川构建“5＋1”现代产业体系优势是什么，特色在哪里？

第二节　成都：建设全面体现新发展理念的国家中心城市

【新闻速览】　成都：究竟拥有一颗什么样的国际雄心？

成都，一座来了就不想走的城市。

这句推广语用了很多年，但他已经无法代表今日的成都，更无法诠释成都的未来。

今天的成都，他的气韵、格局与气魄，都写到它的新总规里了。

一、发展定位：建设全面体现新发展理念的国家中心城市

成都市的发展定位是：建设全面体现新发展理念的国家中心城市。国家中心城市，是我国城镇体系中的最高层级，是国家综合实力最强的城市。在国家重大战略部署中，肩负国家使命、代表国家形象、体现国家意志。

【理论探索】　国家中心城市

国家中心城市，是住房和城乡建设部编制的《全国城镇体系规划》中提出的处于城镇体系最高位置的城镇层级。国家中心城市在全国具备引领、辐射、集散功能的城市，这种功能表现在政治、经济、文化、对外交流等多方面。2010 年 2 月，住房和城乡建设部发布的《全国城镇体系规划纲要(2010—2020 年)》明确提出建设五大(北京、天津、上海、广州、重庆)国家中心城市的规划和定位。2016 年 5 月国务院批复的《成渝城市群发展规划》明确提出成都要以建设国家中心城市为目标。

二、四大战略定位

城市战略定位反映城市在全国或某一地区政治、经济、文化生活中所担负的主要功能和作用。2018 年《成都市城市总体规划(2016—2035 年)(送审稿)》确立了新时代“三步走”战略目标和国家中心城市、美丽宜居公园城市、国际门户枢纽城市、世界文化名城“四大战略定位”，标定了建设现代化新天府、冲刺世界城市的科学路径和壮阔图景。省委十一届三次全会作出“一干多支、五区协同”战略部署，首次赋予成都全省“主干”责任。市委自觉担当时代使命，着力夯实“五中心一枢纽”支撑功能，主动加强与市州合作，制定“支持企业川内梯度转移 10 条”激励政策，选派援藏援彝干部人才 2231 名，成都企业市州行签

署投资协议 183 个、总投资 932.1 亿元,“水涨船高”的区域协同发展新格局加快形成。

【新闻速览】 巴适生活看成都 天府绿道成生态蓉城新名片

初春新雨后,漫步蓉城,欲在喧嚣繁华的都市中求得一方宁静,天府绿道是不二之选。在这里,男女老少或散步聊天,品闻花草芳香,或坐栖湖畔一侧,欣赏“蜀江波影碧悠悠”的美景,一派悠然闲适。

2017 年 9 月,四川省成都市公布了天府绿道规划建设方案。根据方案,成都将按照“可进入、可参与、景观化、景区化”的规划理念,规划建设“一轴、二山、三环、七带”的区域级绿道 1920 公里、城区级绿道 5000 公里以上、社区级绿道 1 万公里以上,全域形成近两万公里的三级天府绿道体系。

截至目前,成都天府绿道累计建成 2607 公里,植入 2000 余处文体场景。

三、差异化区域发展策略

遵循城市发展规律,实施差异化区域发展战略,构建“东进、南拓、西控、北改、中优”差异化发展的五大功能区,为功能品质优化、城市能级提升提供空间载体,用好市域资源禀赋和生态本底,体现公园城市特点,优化空间结构,重塑产业经济地理,推动解决发展不平衡不充分的问题。

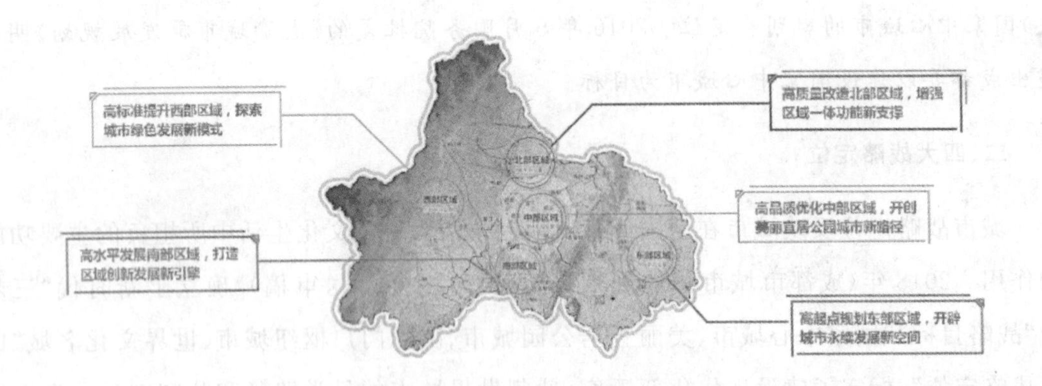

(图片来源:成都市规划馆)

1.“东进”——高起点规划东部区域

实施“东进”是成都立足新的时代方位,把握新的历史机遇,推动城市发展格局由“两山夹一城”向“一山连两翼”千年之变的重大战略举措，将有力推动成都融入“一带一路”，建设国际门户枢纽城市。推动成渝城市群一体化发展，进一步发挥四川省“首位城市”辐射带动作用，形成与成都市资源禀赋相适应的城乡空间格局，重塑全市产业经济地理。

范围：东部区域是都市功能新区，是全市经济社会发展“第二主战场”，总面积约3976平方公里，包含简阳市、金堂县全域、以及天府新区直管区、龙泉驿区和青白江区部分区域。

定位：东部区域定位为国家向西向南开放的国际空港门户枢纽、成渝相向发展的新兴极核，引领新经济发展的产业新城，彰显天府文化的东部家园。

发展策略：东部区域将加快建设天府国际机场及高铁枢纽，融入国家高铁网络，强化国际门户区细功能。重点发展大数据、人工智能、物联网、工业4.0等创新经济产业；航空制造、航空物流、飞机总装、航天装备等航空航天产业；新能源汽车、高端装音、节能环保和智能制造等先进制造业。

积极发展研发设计、检验检测、航空物流等生产性服务业，以及高端农产品等高端农业。

重点建设“四城一园”，包括天府国家空港新城、简州新城、淮州新城、简阳城区和龙泉山城市森林公园。加强与德阳、绵阳、眉山、资阳等城市产业协作升级，共同打造长240公里的龙泉山东侧产业走廊，形成成渝城市群新兴增长极。

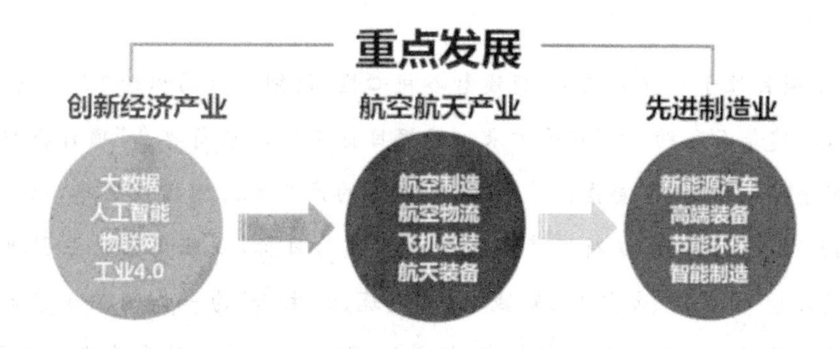

【新闻速览】 2019的成都“东进”，变化翻天覆地

市第十三次党代会提出实施“东进”战略，推动了城市发展格局“千年之变”。在“东进”区域，布局了天府奥体城等一批重大功能性设施项目。

2019年是推动成都“东进”区域整体发展成势的关键之年。按照市委十三届四次全会暨市委经济工作会议的安排部署，将着力把"东进"规划落实到重大项目工程上，加快把"规划图"变成"施工图""实物量"，全力推动"东进"战略成势成型。

2."南拓"——高水平发展南部新区

南部区域是都市功能拓展区，是成都高新技术产业策源地，是天府新区、国家自主创新示范区、国家自贸试验区的核心区，总面积1205平方公里，包含新津县全域和天府新区直管区、双流区、邛崃市部分区域。

定位：南部区域将重点抓好天府新区建设，天府新区是"一带一路"建设和长江经济带发展的重要节点，特别是要突出公园城市特点，把生态价值考虑进去，努力打造新的增长极，建设内陆开放经济高地。

发展策略：拓展新兴功能，加快集聚行政服务、科技创新、国际交往、总部办公、会展博览、文创旅游等功能。重点建设天府中心、成都科学城、天府国际生物城、鹿溪智谷、临空经济功能区、天府农博园等，强化科技创新中心、国际会展中心、区域性总部基地、高新技术产业服务基地、国际版权交易中心，形成高新技术聚集区和高新技术产业服务区，成为全市建设现代化经济体系的战略支撑。

【知识拓展】 全球首个"独角兽岛"在天府新区动工建设

7月30日，全球首个以独角兽企业孵化和培育为主的产业载体——"独角兽岛"项目在天府新区正式开工建设，标志着天府新区全面吹响打造"新经济聚集区、独角兽成长地"的进军号。

独角兽岛项目位于兴隆湖东侧，鹿溪智谷核心区，规划用地面积约1 006亩，净用地面积约478亩，总建筑面积约145万平方米。根据目标定位，"独角兽岛"项目将突出公园城市特质，按照全周期培育、全要素保障、高品质生活的产业生态圈建设思路，以智慧复合型绿色生态园区规划为基础，以新经济应用场景构建为目标，以独角兽企业引进培育为根本，高标准建设集"新经济、新梦想、新城市、新建筑、新生活"为一体的独角兽企业孵化培育平台，努力打造独角兽企业话语引领者、场景培育地、要素聚集地和生态创新区。

3."西控"——高标准提升西部区域

西部区域是都市现代农业和生态涵养功能区，包括全市最重要的水源涵养地、都江堰灌区，是践行"绿水青山就是金山银山"的重要区域。总面积7 185平方公里，包含都江堰市、崇州市、大邑县、蒲江县全域和温江区、郫都区、彭州市、邛崃市、高新西区部分区域。

定位：西部区域定位为成都市最重要的生态功能区和蔬菜粮食生产功能区、西部绿色低碳科技产业示范区、国家生态宜居现代田园城市典范区、世界旅游目的地核心区和天府农耕文明重要展示区。

发展策略:西部区域将以持续优化提升生态环境和发展绿色产业为重点,推进绿色发展。强化龙门山生态涵养区保护,严格保护基本农田,修复都江堰灌区。西部区域划定生态保护红线面积1 120平方公里,占全市生态红线面积的99%。严格产业准入,重点发展生物医药、高端康养、生物农业、文化创意、绿色种养等绿色产业,建设电子信息产业功能区、航空动力产业园、成都健康产业功能区、大青城休闲旅游产业园、都市现代农业高科技产业园、川菜产业园、优质粮油产业园等绿色科技产业园区,构建绿色化产业体系。突出农业农村优先发展,建设乡村振兴和城乡融合发展示范区。严格规模控制。缩减城乡建设用地规模总量,建设用地在2020年规划规模的基础上,统一调减20%,共减少183平方公里,平坝与浅丘地区国土开发强度控制在23%以内;控制人口总量,规划总人口385万人,在现状人口规模的基础上减少59万人。

4.“北改”——高质量改造北部区域

北部区域是都市功能优化区。总面积705平方公里,包含青白江区、新都区、彭州市部分区域。

定位:北部区域定位为"一带一路”重要铁路门户枢纽、成德绵区域协同发展先导区、成都市北部生态屏障、产业转型发展示范区、城市有机更新示范区和彰显天府文化的和谐宜居家园。

发展策略:北部区域重点加强通风廊道管控和区域绿廊、绿道等生态建设,划定一级通风廊道344平方公里,占北部区域49%,严控通风廊道内建设。加快国际铁路港能力提升。依托国际铁路港,建设国际铁路物流贸易中心、国际农产品交易中心,强化铁路港门户枢纽功能。加强与天府国际机场以及双流国际机场的铁空联运,加强与宜宾港、泸州港的铁水联运,接入高速公路网加强铁公联运,构建通达全球、功能强大、陆海内外联动的铁公空水多式联运中心。

【新闻速览】　火车北站改造最新进展:第一阶段已完工,第一阶段预计2023年完工!

历经60多年后重新换新颜的火车北站,改造后将是什么模样?火车北站的建筑风格将体现“蜀风竹韵、蓉城花开”的形象寓意。主体建筑构成轴线上的“城市门楼”的宏观意向,以竹编和蜀锦的编织纹理为元素,以“伞”形单元组合形成成都市花“芙蓉花”的意象。同时,主体骨架形成造型,构成在夜景中漂浮的“孔明灯”印象。

5.“中优”——高品质优化中部区域

中部区域是都市功能优化区，是成都2300年城市文脉起源地，总面积1264平方公里，包含高新南区、锦江区、青羊区、金牛区、武侯区、成华区全域以及高新西区、天府新区直管区、龙泉驿区、青白江区、新都区、温江区、双流区、郫都区部分区域。

定位：中部区域定位为高端服务业集聚区、战略性新兴产业核心区、创新驱动引领区、国际交往核心区、天府文化集中展示区，城市极核和最能代表国家中心城市能级水平的高品质高能级生活城区。

发展策略：中部区域将重点实施“三降两提”。降低开发强度，住宅和商业用地平均容积率降低三分之一；降低人口密度，调减规划人口185万人，规划人口密度从1.58万人/平方公里调减至136万人/平方公里；降低建筑尺度，加强对建筑体量和建筑形体布局的控制；提高产业层次，疏解一般性制造业、批发市场及仓储物流等非核心功能，集聚金融商务、总部办公、文化交往、创新创意、都市旅游等功能，发展工业与时尚设计、人工智能、虚拟现实、软件服务、生物医药、新一代信息技术等产业；提高产业层次，疏解一般性制造业、批发市场及仓储物流等非核心功能，集聚金融商务、总部办公、文化交往、创新创意、都市旅游等功能，发展工业与时尚设计、人工智能、虚拟现实、软件服务、生物医药、新一代信息技术等产业；提升城市品质，优化城市环境，完善配套，改善交通，保护好历史文化名城和特色风貌片区、特色风貌街道，彰显文化特色。

【拓展阅读】 到这五个地方，看未来成都

今天的成都，有这样几个地方

代表着总体规划

天府绿道、新经济、

对外开放、创新创造……

等成都未来发展的关键词

逛上一遍

便可一览天府成都未来20年

乃至更加长远的气韵、格局与气魄

【推荐阅读】

1. 解读:“一干多支、五区协同”到底怎么干?

2. 打造“三城三都”成都建设世界文化名城。

【思考题】

1. 四川省“一干多支、五区协调”区域发展新格局的内涵?

2. 成都市差异化区域发展策略?

参考文献

[1] 央视青年歌手大赛选手不识中国国旗引发震惊[N/OL]. 北京晨报，(2006 - 05 - 12). http://news. sina. com. cn/c/2006 - 05 - 12/07559837951. shtml.

[2] 赵竹村. 浅析马克思主义形势观[J]. 发展，2013(2)：87 - 88.

[3] 变化与分化——世界陡增“不确定性”[EB/OL]. (2017 - 01 - 05). http://ex. cssn. cn/
gj/gj_gwshkx/gj_zhyj/201701/t20170105_3371809. shtml.

[4] 2017 年国家出台的房地产新政策 一起来回顾. [EB/OL]. (2017 - 06 - 04). ht-tp://
news. qinzhou. fang. com/2017 - 06 - 04/25381894. htm.

[5] 形势与政策[EB/OL]. http://mooc. chaoxing. com/course/1048157. html.

[6] 二孩全面放开:解读我国计划生育政策变化历程[EB/OL]. (2015 - 10 - 30). ht-tp://sky. cssn. cn/zx/yw/201510/t20151030_2550721. shtml.

[7] 当代大学生要做到“五要”[EB/OL]. http://mooc. chaoxing. com/course/1048157. html.

[8] 习近平寄语青年[EB/OL]. (2017 - 05 - 03) . http://politics. people. com. cn/n1/2017/0503/c1001 - 29249545. html.

[9] 中国共产党历次全国代表大会数据库[EB/OL]. http://cpc. people. com. cn/GB/64162/64168/64553/4427940. html.

[10] 习近平新时代中国特色社会主义思想研讨会暨《习近平谈治国理理政》(第二卷)书评会在南非立法首都开普敦隆重举行[EB/OL]. (2017 - 12 - 08). http://world. people. com. cn/n1/2017/1208/c1002 - 29695768. html.

[11] “习近平新时代中国特色社会主义思想”写入党章:立起了“新时代”思想旗帜 [EB/OL]. (2017 - 10 - 25). http://cpc. people. com. cn/19th/n1/2017/1025/c414538 - 29608349. html.

[12] 共产党新闻党史百科 [EB/OL]. http://dangshi. people. com. cn/GB/165617/173273/10357271. html.

[13] “八个明确”和“十四个坚持”是什么关系？新思想有哪些重大意义？权威专家解读[EB/OL]. (2017 - 10 - 28). http://news. cctv. com/2017/10/28/ARTIQ-BXt0a4wMdGRl9XAjckd171028. shtml.

[14] 外国政党领导人参观中央党校和“砥砺奋进的五年”成就展[EB/OL]. (2017 - 12 -

01). http://news.cctv.com/2017/12/01/ARTILDck23asZ3E5sjZTnrAZ1712-01.shtml.

[15] 外国人感受中国“互联网＋”[EB/OL].（2016－08－13）. http://paper.people.com.cn/rmrbhwb/html/2016－08/13/content_1703687.htm.

[16] 2016 全球各国 GDP 出炉！中国排名第二[EB/OL].（2017－02－27）. http://www.sohu.com/a/127330829_551041.

[17] ofo 团队：骑行＋互联网＝爱好＋事业[EB/OL].（2016－03－04）. http://pkunews.pku.edu.cn/xwzh/2016－03/04/content_292956.html.

[18] 刘维涛.【七问七答】十八大以来中国特色社会主义民主政治建设成就怎么看？一起关注人民日报权威访谈[N/OL].人民日报，2017－09－06. http://www.zytzb.gov.cn/tzb2010/tzxy/201709/27d699db3c7c47d3874befab4ce4f75b.shtml.

[19] 坚定文化自信 创造中华文化新辉煌——党的十八大以来文化建设成就综述[EB/OL].（2017－10－4）. http://cpc.people.com.cn/n1/2017/1004/c412690－29572805.html.

[20] 乡村振兴，小康才全面[EB/OL].（2017－10－23）. http://paper.people.com.cn/rmrb/html/2017－10/23/nw.D110000renmrb_20171023_3－06.htm.

[21] “乡村振兴战略”实施 这 4 类人将直接受益！[EB/OL].（2017－10－27）. http://www.sohu.com/a/200667790_611042.

[22] 2014CCTV 中国最美乡村名单正式揭晓[EB/OL].（2014－10－27）. http://sannong.cntv.cn/2014/10/17/ARTI1413515801932668.shtml.

[23] 中国经济稳中向好态势更加明显(热点辨析)[EB/OL].（2017－12－04）. http://paper.people.com.cn/rmrb/html/2017－12/04/nw.D110000renmrb_20171204_4－07.htm.

[24] 人民日报评论员观察：引领新常态呼唤“清醒 GDP 观”[EB/OL].（2015－01－19）. http://opinion.people.com.cn/n/2015/0119/c1003－26406017.html.

[25] 八句话，读懂中国“供给侧结构性改革”[EB/OL].（2016－03－05）. http://news.xinhuanet.com/2016－03/05/c_1118243689.htm.

[26] 特朗普访华，中国不声不响中取得了这五大成就！[EB/OL].（2017－11－10）. https://mp.weixin.qq.com/s/Z9dUEjGgEr3SffIUu0NU2g.

[27] 杜白羽. 2017 年跌宕的东北亚：美朝隔空斗狠和谈依然可期[N].新华社，2017－12－17.

[28] 习近平的国家安全观：既重视发展又重视安全[EB/OL].（2017－02－21）. http://cpc.people.com.cn/xuexi/n1/2017/0221/c385474－29096939.html.

[29] 台湾民意呈现两极化与新变化:“反独求统”现新态势[EB/OL].(2017-10-15).http://news.ifeng.com/a/20171015/52644428_0.shtml.

[30] 刘宋斌.国家统一方略[M].南昌:江西人民出版社,2001.

[31] 周恩来选集:下卷[M].北京:人民出版社,1984.

[32] 邓小平选集:第3卷[M].北京:人民出版社,1993.

[33] 中华人民共和国全国人大常委会《告台湾同胞书》[N].人民日报,1979-02-01.

[34] 中共中央文献研究室.邓小平年谱1975—1997:(下)[M].北京:中央文献出版社,2004:797.

[35] 蔡英文过境旧金山遭华侨抗议 推“台独”引不满[EB/OL].(2017-01-16).http://tw.people.com.cn/n1/2017/0116/c14657-29026056.html.

[36] 曹治洲.略论李登辉大陆政策的“台独”本质[J].台湾研究·政治,1996(3):.

[37] 陈水扁是如何推动“去中国化”运动的[EB/OL].(2002-1-7).http://www.china.com.cn/chinese/2002/Jan/94130.htm.

[38] 钟厚涛.2016年台湾“柔性台独外交”颠簸上路[J].动态聚焦台湾,2017,1(9):.

[39] 成立新南向政策办公室 蔡英文提高决策:做世界的台注释湾[EB/OL].(2016-4-13).http: / / www. ettoday. net / news /20160413 /6800 19.html.

[40] 3万人上街抗议军人年改 官邸怒吼“蔡英文下台”[EB/OL].(2017-12-18).http://www.huaxia.com/xw/twxw/2017/12/5575464.html.

[41] 曹昆,赵纲.习近平会见萧万长一行[N].人民日报,2013-10-07.

[42] 吴亚明.习近平总书记会见连战一行[N].人民日报,2014-02-19(01).

[43] 中共中央总书记习近平会见中国国民党荣誉主席吴伯雄[N].人民日报,201-06-14(01).

[44] “平语”近人——十八大以来,习近平对台工作讲了啥.[EB/OL].(2015-11-16).http://www.china.com.cn/lianghui/news/2016-03/11/content_37999692.htm.

[45] 杜静.四川正加速从经济大省向经济强省跨越 发展后劲十足[N].四川经济日报,2017-05-19.

[46] 成都荣获“2017最具幸福感城市”第一名[EB/OL].(2017-12-08).http://cd.qq.com/a/20171208/003595.htm.

[47] 殷航.交出过去5年“成绩单” 成都再出发[N].华西都市报,2017-04-25.

[48] 2017中国城市商业魅力“新一线”城市排名 成都第一[EB/OL].(2017-05-26).http://e.chengdu.cn/html/2017-05/26/content_596290.htm#thumb.